Escrita de uma memória que não se apaga

Envelhecimento e velhice

Ângela Mucida

Escrita de uma memória que não se apaga

Envelhecimento e velhice

autêntica

Copyright © 2009 by Ângela Mucida

Todos os direitos reservados pela Autêntica Editora. Nenhuma parte desta publicação poderá ser reproduzida, seja por meios mecânicos, eletrônicos, seja via cópia xerográfica, sem a autorização prévia da Editora.

PROJETO GRÁFICO DA CAPA
Diogo Droshi
(Sobre arte em bordado e costura de Mariana Mucida)

EDITORAÇÃO ELETRÔNICA
Luiz Flávio Pedrosa

REVISÃO
Cecília Martins

EDITORA RESPONSÁVEL
Rejane Dias

Dados Internacionais de Catalogação na Publicação (CIP)
(Câmara Brasileira do Livro, SP, Brasil)

Mucida, Ângela
　　Escrita de uma memória que não se apaga – Envelhecimento e velhice / Ângela Mucida. – Belo Horizonte : Autêntica , 2009.

ISBN 978-85-7526-377-8

1. Envelhecimento 2. Envelhecimento - Aspectos psicológicos 3. Reminiscência na velhice 4. Velhice 5. Velhos - Condições sociais 6. Velhos - Psicologia I. Título.

09-00124　　　　　　　　　　　　　　　　　　　　　　　CDD-155.67

Índices para catálogo sistemático:
1. Velhos : Reminiscências : Aspectos psicológicos
155.67

Belo Horizonte
Rua Carlos Turner, 420
Silveira . 31140-520
Belo Horizonte . MG
Tel.: (55 31) 3465 4500

www.grupoautentica.com.br

São Paulo
Av. Paulista, 2.073, Conjunto Nacional, Horsa I
23º andar . Conj. 2310-2312 Cerqueira César
01311-940 São Paulo . SP
Tel.: (55 11) 3034 4468

*Aos os meus filhos, Daniel e Mariana,
pelo amor que não finda e deixa respirar o inédito.*

*À minha mãe, Marieta, por demonstrar que a vida se escreve e
se escuta como as flores de seu jardim.*

Agradeço,

Aos meus filhos pelo apoio sem reservas e pelas contribuições que enriqueceram todos os passos que sustentaram essa escrita.

À minha mãe, Marieta, por ensinar a ler nas entrelinhas do texto.

Àqueles que entregaram fragmentos de suas vidas à minha escuta: Anne Noyau, Clementino Rodrigues (Riachão), Corália Bernardes, José A. Cotta (*in memoriam*), Maria Afonsina Vilela, Maria Angélica Amaral, Maria Helena Andrés, Marieta Luiza de Oliveira, Nilce A. Miranda, Rosa Papini e Vovó Rita.

Aos familiares e amigos pelos fios que tecem nossos textos de cada dia, em especial: Ângela Costa, Dora Toledo Freire, Ida Freitas, Maria Helena Robyn, Mary Dutra, Sumaya Arges e Taísa Garcia.

À Lou de Resende, amiga e companheira de muitos trabalhos, e à Lúcia Castello Branco pela veia poética deixada como um brinde à escrita que não se apaga.

não sou um texto revelado, nem inspirado, sou apenas feito

construído (ou treinado) para a ardente beleza,
formado como se formam as interrogações, frase após frase,
sofrendo quando a significação se irrompe, a perco, sem
saber, tantas vezes, que a perdi

sou o humano para atravessar os mundos, as metamorfoses,
como lhe chamam,
lados *como os escrevo*
uma coisa aprendi: o fulgor é móvel
outra coisa eu sei, se o humano o perder, está perdido

Maria Gabriela Llansol

Apresentação	13
Introdução	15
Capítulo I - A velhice é uma escrita	19
Capítulo II - Do espelho e outras ficções	41
Capítulo III - A escrita no corpo e seus destinos	71
Capítulo IV - De uma memória que não se apaga	85
Capítulo V - Sobre o amor e outros afetos	109
Referências	145

Apresentação

Aonde a escrita for capaz de levar

"Eu vou envelhecer com os cabelos puxados para trás _____ cabelos grisalhos, corpo cheio, rugas e concentração narrativa".[1]

Assim escreveu Maria Gabriela Llansol, em *Onde vais, Drama-Poesia?*, livro publicado em 2000. E assim veio a envelhecer e a falecer, em março de 2007, tendo alcançado o sumo da concentração narrativa em seu texto. *Os Cantores de Leitura*, último livro da autora publicado em vida, demonstra cabalmente essa concentração: estruturado em partículas, e não mais em capítulos ou partes, o texto parece conter, como Llansol já previa, o mundo em uma "semente semântica de mostarda".

Quanto à concentração narrativa da vida da escritora, não nos cabe aqui tecer comentários. Afinal, ela própria propõe, em seu texto, que a vida seja pensada para além do humano – como "o vivo" – e que o corpo seja compreendido para além do biológico, como um "corp'a'screver": "dizer que [o corpo] é matéria, pensando vísceras e humores, é uma forma de maledicência, ou de cegueira". [2]

São essas as primeiras imagens que me acompanham após a leitura deste livro de Ângela Mucida. Pois, se é da "escrita de uma memória que não se apaga" que o livro trata, ao abordar o envelhecimento e a velhice, já podemos prever que não é da vida reduzida ao corpo e do corpo reduzido a vísceras e humores que este livro vai tratar.

Afinal, situando-se no campo da Psicanálise, o tratamento proposto para a leitura do envelhecimento e da velhice não poderia ser outro. Mas Ângela

---

[1] LLANSOL, Maria Gabriela. *Onde vais, Drama-Poesia?* Lisboa: Relógio D´Água, 2000, p. 164.
[2] LLANSOL, Maria Gabriela. *Um Falcão no Punho.* Diário 1. Lisboa: Rolim, 1985, p. 140.

arrisca ainda um passo além, já que se permite transitar entre a experiência clínica e a experiência literária, enquanto leitora, seguindo, aliás, o caminho já trilhado por Freud em alguns de seus mais instigantes ensaios, como, por exemplo, em "O Estranho", de 1919.

Mas ainda aí Ângela Mucida avança, pois que, trazendo a literatura como exemplo, não é o literário o que o seu texto busca focalizar, mas antes os sutis movimentos da escrita, ou, como propõe Llansol, os sutis movimentos de um "corp'a'screver".

Em um dos exemplos clínicos mais interessantes do livro, escutamos a história do senhor que, ao se apaixonar aos 75 anos, aprende a andar de bicicleta aos 76, seguindo a direção do amor, ou, como ele próprio declara, para poder ir "para onde o amor me levar".

Essa direção, análoga a uma outra já sugerida também por Maria Gabriela Llansol – "vejamos onde nos leva a escrita" –, parece ser também aquela que é perseguida por Ângela em seu texto. Afinal, se é de uma escrita que se trata, e se essa escrita escreve a memória que não se apaga, talvez ela possa avançar, assim como a vida, até onde o amor – à vida e à própria escrita dessa vida – a levar.

Ao final do livro, sabemos que a vida passa, assim como a escrita. Ou, nas palavras de Duras: "A escrita vem como o vento, nua, é de tinta, a escrita, e passa, como nada mais passa na vida, nada, exceto ela, a vida".[3] Mas sabemos também que, se é do envelhecimento que o livro trata, é o que dura, e o que duramente se atravessa, que o livro busca abordar.

E então resta-nos, por fim, a "pedra dura ao luar". E as paredes de uma casa, ou as páginas de um livro – memória que não se apaga –, para onde a escrita – "profusão amarga de sinais" [4]– foi capaz de nos levar.

Lucia Castello Branco

---

[3] DURAS, Marguerite. *Escrever*. Rio de Janeiro: Rocco, 1984, p. 26.
[4] LLANSOL, Maria Gabriela. O sonho de que temos a linguagem. *Revista Colóquio-Letras,* Lisboa: Fundabenkian, n. 143/144, jan./jun. 1997, p. 48.

Introdução

"Tudo que não invento é falso" anuncia Manoel de Barros em suas *Memórias inventadas* (2008). Este é um ponto em comum ao tomarmos a velhice como escrita de uma memória que não se apaga.

A memória constitui-se de traços das experiências vividas, sentidas ou imaginadas. Nessa direção não importa se uma lembrança que retorna liga-se a algo vivido daquela maneira, se foi imaginado ou apenas desejado. A memória guarda em seus registros impressões arcaicas, percepções, sentimentos, projeções, fantasias e toda sorte de afetos que não se desfazem, mas nem todas podem ser lembradas. Há traços que persistem como reais e indestrutíveis funcionando como uma espécie de reserva e proteção. Se o passado não pode ser modificado isto não impede que fragmentos retornem de maneira viva nem inaugurem outras traduções e leituras no tempo que passa. Por outro lado, vivências atuais podem despertar com vigor passagens da vida aparentemente apagadas que surgem como se tivessem ocorrido no dia anterior ou fora do tempo. Esses traços que não se apagam dão a sensação de que, afinal, o tempo não passou.

Incrustada no corpo, a memória se apresenta como olhar, voz, imagens, odores, sensações e percepções, dando-lhe uma determinada contextura e tornando-o diferente de todos os outros. As marcas do corpo contam uma história.

A memória habita os encontros e desencontros amorosos, os sentimentos de solidão, abandono, ódio, as escolhas, as diferentes faces da sexualidade e as perdas que compõem o cotidiano. Escrever é saber atualizar os tempos da memória, enlaçando passado, presente e futuro.

Este livro caminha nas trilhas da memória: histórias tecem, como fios de linhas, determinados bordados. Atravessadas pelo ficcional, como toda história, elas passeiam lado a lado com imagens cinematográficas, partes de obras literárias, poesias, mitos, fragmentos da clínica com idosos e dialogam com algumas teorias. Dos encontros com pessoas que se dispuseram a entregar suas histórias de vida à minha escuta, aprendi que, por si mesmo, o tema da velhice coloca em cena um ritmo próprio de contar, escutar e enlaçar as marcas e lembranças da memória.

Dedicado a todos que se interessam pelo tema do envelhecimento/velhice, esta obra desdobra-se em cinco partes a partir da ideia inicial erigida no Capítulo I: a escrita da velhice. Essa se assemelha a outras formas de escrita: tentativas de nomear e conduzir o imponderável que nos pega sempre de surpresa. Angústias, inibições, entusiasmo, dúvidas e outros afetos acompanham o encontro de cada um com esse texto. Desse encontro ninguém escapa, e cada um só pode conduzi-lo com seus traços, seu estilo: maneiras e arranjos de compor o texto com as "letras" recebidas. Assim, não existe a velhice, mas diferentes velhices. Cada qual escreve um livro com múltiplas versões, mas com um final sempre incerto.

Os contos de Guimarães Rosa e Machado de Assis, ambos nomeados de "O espelho" criam o pano de fundo ao debate do segundo capítulo. Como se constitui nosso eu? Que relações inauguram entre si os espelhos, a imagem, o eu e o corpo? Por que sendo o envelhecimento tão familiar e íntimo, a imagem envelhecida causa por vezes estranheza ou espanto? Quais os efeitos de amar ou odiar essa imagem? O que se aposenta com a aposentadoria? Do espelho que não se quebra, cada um carrega certas roupagens que dão determinada consistência à imagem e ao corpo.

O Capítulo III versa sobre os mistérios do corpo para além de sua estrutura anatômica ou fisiológica. Morada do eu, tecido de imagens e palavras, o corpo porta sempre algo de estrangeiro para cada um. Os discursos atuais jogam de diferentes maneiras com esse espaço de estranheza entre o sujeito e seu corpo, ditando regras gerais para um corpo sadio, belo, sem dores e sem marcas. O culto ao "novo" impõe ao corpo envelhecido muitos limites e paradoxos, mas uma coisa é certa: cada um envelhece de seu próprio modo, e os destinos e as saídas às "esculturas do tempo" sobre ele são também particulares.

O Capítulo IV dedica-se à memória. Destacamos a relação entre tempo e memória concernente aos esquecimentos, às recordações, às lembranças encobridoras e aos efeitos da contemporaneidade sobre o funcionamento da memória, em especial o Alzheimer. No discurso em que predomina o convite para que tudo circule e se esvaneça em um tempo mínimo, qual é o lugar para a memória? Seria o Alzheimer um dos espelhos de nossa época?

O último capítulo dedica-se às escritas contemporâneas de velhos temas que perpassam a vida e a velhice. Do amor e seus reversos, ao luto e à escrita da morte, o leitor é convidado a refletir sobre essa companheira, a solidão, e a sexualidade nos tempos do Viagra.

O voto é que, adentrando nas trilhas dessas memórias, cada um sinta-se instigado a refletir e a traduzir de diferentes maneiras seu enredo, criando saídas parciais a cada passo dessa escrita que não se apaga.

Ângela Mucida

Capítulo I

A velhice é uma escrita

Onde se inicia a escrita?

Escrever no papel recebido da vida... Papel a ser transformado, dobrado, rasurado, reescrito. Papel que se esgarça com as letras incrustadas em suas nervuras. Escrever com os fios que se amarram compondo um tecido, um bordado, uma costura... Pintar com as cores recebidas, inventar outras, esculpir na madeira e no bronze. Tudo isso compõe uma escrita.

Escrever é um ato que inaugura uma escrita, mas qual escrita? Que tipo de relação existe entre escrever e a velhice? Existiria aí uma única forma de escrita? Quais as vicissitudes e os percalços dessa escrita no tocante à memória, ao corpo, à imagem, à sexualidade e ao amor? Quais são as escritas possíveis diante das perdas inevitáveis? Há uma escrita da morte?

Toda pergunta inaugura alguma resposta mesmo que transitória. Perguntar é uma forma de pensar alto, pinçando pontos pelos quais o pensamento abre caminhos.

Esse livro começa por histórias ouvidas, escritas, deixadas como fragmentos que se movimentam e colhem alguns sentidos. Fragmentos de encontros com idosos e pequenos recortes da clínica, leituras de textos literários, cinematográficos, artísticos, compõem um quadro no qual o leitor é convidado também a pintar pequenos matizes e formas de conceber a velhice.

Nesses encontros com diferentes sujeitos que se dispuseram a doar fragmentos de suas vidas à minha escuta, tentei colher os "estilos"; maneiras de cada um escrever a vida, "cortar e costurar" com os tecidos recebidos. Escrita sempre começada, em que várias versões se entrelaçam e compõem determinado texto.

Etimologicamente, conforme o *Dicionário Houaiss*, escrever é traçar, fazer letras, marcar, assinalar, gravar, desenhar e representar em caracteres. Tomamos aqui o conceito de escrita de forma bastante ampla, para falar disso que se escreve em cada um, por cada um na própria veia da vida. Dessa forma, a velhice como escrita pressupõe que cada um escreve seu envelhecimento e sua velhice de forma completamente singular, com seu próprio estilo.

Estamos sempre escrevendo. Cada um apreende a "língua mãe" com traços pessoais ou singulares, por isso não existe uma escrita igual à outra. Manoel de Barros (2006), ao completar 90 anos, afirmou:

> Outra vez o Rosa me contou: Precisei botar o nosso idioma a meu jeito afim que eu me fosse nele. Botei minhas particularidades. Usei de insolências verbais, sintáticas e semânticas, me encaixei na linguagem. Fiz meu estilo. [...] E você, Manoel? me perguntou. Respondi: eu andei procurando retirar das palavras suas banalidades. Não gostava de palavra acostumada. E hoje gosto mais de brincar com as palavras do que de pensar com elas. Tenho preguiça de ser sério.

Como os escritores, nós também botamos "nossas particularidades" no que escrevemos. Em cada frase, parágrafo, ponto, vírgula... encontra-se a forma original de tentarmos compor nosso texto da vida com a língua recebida. Saber servir-se do material recebido é também transitar por caminhos pelos quais o poeta encontra o material à escrita. No dizer de Manoel de Barros nessa escrita não se trata apenas de ver, mas ter "visões". "A visão vem acompanhada de loucuras, de coisinhas à toa, de fantasias, de peraltagens. Eu vejo pouco. Uso mais ter visões" (BARROS, 2006). Escrever é também deixar-se conduzir por aquilo que esse poeta nomeia de "ensino pela ignorância" das percepções infantis.

O começo de um livro é sempre um ponto frágil e precioso, porque pode provocar ou não o desejo do leitor de abrir a porta, adentrar suas margens, depositando ali algo de si. Por vezes, é só depois de um tempo, de certa intimidade com o livro, que o leitor se sente compelido a participar da escrita. Ao ler, escrevemos e colocamos algo de nós mesmos. Só dessa forma o livro toma vida, é reeditado a cada leitura, ganhando novos tons e sentidos.

Nas palavras de Maria Gabriela Llansol (2003a, p. 1):

> O começo de um livro é precioso. Muitos começos são preciosíssimos. Mas breve é o começo de um livro — mantém o começo prosseguindo. Quando este se prolonga, um livro seguinte se inicia. Basta esperar que a decisão da intimidade se pronuncie. Vou chamar-lhe fio _____ linha, confiança, crédito, tecido.

O começo de um livro, escrito por cada um, é também precioso porque carrega sinais de um fim possível, atravessado sempre pela contingência própria a tudo que vive. Pontos de uma travessia, tessitura que se prolonga, estica até o ponto em que algo novo se escreve e outra margem do texto se abre. O começo do livro se mantém por meio daquele que lê. Todos nós somos leitores de diferentes livros e, sobretudo, daquele escrito com nossa vida.

Estilo, letras e palavras se entrelaçam em cada história escrita, lida, contada, sentida, escutada. A "decisão de intimidade", momento no qual cada um, não importa o tempo, toma para si a responsabilidade de sua escrita, se faz a partir de traços completamente singulares.

Nascemos em um mundo permeado de palavras escutadas, faladas, sentidas, esquecidas ou lembradas como ecos de outro tempo, mas que não morrem. Algumas grifam efeitos do que nos tornamos, mesmo que muitas nos escapem. No começo está o verbo, afirma o texto bíblico. Se assim o é, apreendemos seus efeitos a partir do que somos ou simplesmente desejamos ser. Nascemos e vivemos no mundo da linguagem e, como seres falantes, somos também inscritos por um nome, um pertencimento, uma história.

Com a escrita inventamos um remédio para a rememoração, afirmou certa vez Platão. Escrevendo perseveramos no seio da vida. Estamos sempre escrevendo, rememorando, traduzindo o que foi escrito, dando-lhe outros sentidos ou versões. Escrevemos sempre determinada história de vida, talvez um livro com múltiplas versões, com final sempre incerto.

Onde começou nossa escrita, onde termina? O quase silêncio habita seu princípio e seu fim. Nome, lugar na família, frases escutadas tomam depois alguns sentidos. Nosso texto nasce de um ponto de partida efetivo mas indizível. Inominável, contudo, ele deixa marcas, pegadas, trilhas, traços que não morrem com os quais cada um comporá sua trama. A velhice é uma escrita do singular. De que formas ela pode se servir dos traços recebidos tornando-os sempre atuais?

Escrever, acentua Clarice Lispector (1999, p. 102), "é prolongar o tempo, é dividi-lo em partículas de segundos, dando a cada uma delas uma vida insubstituível". Vida marcada por um selo original a partir do qual cada um tece sua história. Vozes de um passado sempre renovado editam um começo e sustentam o percurso para um fim sempre incerto.

> _____ eu nasci em 1931, no decurso da leitura silenciosa de um poema. Só havia tecidos espalhados pelo chão da casa, as crenças ingênuas de minha mãe. Estavam igualmente presentes as páginas que os leitores haveriam de tocar (como a uma pausa de música), apenas com o instrumento de sua voz. Eu fui profundamente desejada. Profundamente mal desejada e com amor,
> — A voz está sozinha — disse minha mãe, ainda eu estava no seu ventre, a ler-me poesia.

— Não por muito tempo — responderam àquela que me iniciava na língua. E eu nasci na seqüência de um ritmo. Eu nasci para acompanhar a voz, fazê-la percorrer um caminho. De um lado a outro do percurso, não sei o que existe, o caminho caminha [...]. (LLANSOL, 2000, p. 11)

Imagem, lembrança, criação poética ou traços recolhidos de uma história sempre já começada? Se assim pode se expressar esta genial escritora portuguesa, Maria Gabriela Llansol, sobre sua primeira escrita, iniciada bem antes que dela se sentisse autora, é porque uma marca se escreveu bem cedo. Nascer e ser escrita como "voz-poema" para ela se entrelaçam: "[...] eu estava no seu ventre a ler-me poesia". Marca pela qual esse sujeito se sente perfeitamente identificado. Pulsação, ritmo, palavras simples do cotidiano que compõem um poema, "um sopro de vida", um sonho que precedeu o começo. De toda forma o nascer traz sempre uma marca completamente original.

A escrita da vida, trançada como poesia ou rasgada por dureza de palavras, nasce sob insígnias que antecedem o reconhecimento do sujeito de sua autoria. Nome, sexo, família, expectativas em torno do nascimento encontram-se presentes bem prematuramente para cada um; todavia, os destinos dessa escrita são imprevisíveis.

Onde estará a primeira palavra, a primeira frase, ouvida, sentida, gesticulada, brindada com alegria ou não? Onde encontrar esse ponto pelo qual cada um começa a garatujar um nome para sua existência? Nome que dê certa cobertura ao desamparo sempre presente na entrada de todo sujeito na vida, no mundo das palavras, da linguagem. Se no princípio está o verbo, junto habita desde sempre o não escrito, impronunciável, com o qual cada um terá de conviver.

Buracos, intervalos, ondulações, dúvidas... Disso também se compõe um texto. Quanto mais espaço para entrar o ar e viajar com as letras, mais o texto se ergue para além da pura repetição cotidiana e será penetrado pelo olhar curioso da descoberta. "[...] já que se há de escrever, que ao menos não se esmague com palavras as entrelinhas" (LISPECTOR, 1999, p. 19).

Histórias tecidas fio a fio durante longos anos, histórias marcadas com matizes que, desbotando as cores, não se perdem jamais. Cada um se arranja como pode para compor seu texto com as "letras" recebidas, a começar pelo nome que é sempre próprio. Como sangue, os pequenos traços de cada dia circulam nas veias deste livro, como escrita jamais acabada, tornando-a totalmente diferente de qualquer outra. Assim também chega nesse percurso o que se nomeia de velhice.

Escrita que não para

O envelhecimento nos toca a cada dia desde que nascemos. Não para de se escrever em linhas por vezes incertas, quase invisíveis, mas não para, isso é certo! Talvez essa falta de intervalo seja seu grande triunfo. Torna-se difícil perceber nesse processo contínuo e radical, envelhecemos desde sempre, em que ponto, vírgula, parágrafo, interrogação, entrelinha desse texto de nossa vida a velhice se escreveu de forma incisiva e radical. Ou ela lá esteve desde sempre, como um ponto tão intrinsecamente colado à vida que só podemos vislumbrá-la fora de nós mesmos?

Depositando suas marcas, enlaçando-se à escrita fundamental tecida de fios de vida, fios de morte, vamos delineando, mesmo sem perceber, seus possíveis destinos a partir do destino inelutável: envelhecemos. Apesar disso, não há uma velhice natural, pois nesse processo está aquele que envelhece e o que jamais envelhece em cada um. No corpo que envelhece estão presentes as marcas de cada história, sempre singulares, sinalizando as maneiras como cada um conduzirá as modificações decorrentes do envelhecimento.

Em sua escrita encontra-se um sujeito que jamais envelhece. Isso significa que há traços de cada um que não se perdem jamais e não se alteram com a passagem do tempo. Significa ainda que cada um escreve, desenha, pinta, tece, conta ou canta sua velhice em conformidade com sua forma de lidar com a vida. A velhice não traz em cena outro sujeito.

Se na velhice perdura o que não envelhece, isso indica que lá habita o infantil, lá se encontram os traços que nos acompanham durante toda a vida e não morrem. No dizer de Manoel de Barros (2006):

> A um editor que me sugeriu que escrevesse um livro de memórias eu respondi que só tinha memória infantil. O editor me sugeriu que fizesse memória infantil, da juventude e outra de velhice. Estou escrevendo agora minhas memórias infantis da velhice.

Esses traços que acompanham cada sujeito, distinguindo-o de todos os outros, por não se modificarem com o tempo – a psicanálise nomeia isso de "atemporalidade do inconsciente" –, oferecem ao sujeito uma perspectiva de que afinal o tempo não passou. A sensação de que somos os mesmos acarreta dificuldades em nos reconhecermos na imagem que os espelhos nos oferecem em diferentes momentos da vida. Como não envelhecemos de uma só vez, ainda bem, percebemos o envelhecimento muito mais claramente nos outros do que em nós mesmos. Há uma miopia na relação do sujeito com sua imagem.

Nas palavras do protagonista de *Memórias de minhas putas tristes,* de García Márquez (2005, p. 13) ao completar 90 anos:

Nessa época ouvi dizer que o primeiro sintoma da velhice é quando a gente começa a se parecer com o próprio pai. Devo estar condenado à juventude eterna, pensei então, porque meu perfil eqüino não se parecerá jamais ao caribenho cru que era meu pai, nem ao romano imperial de minha mãe. A verdade é que as primeiras mudanças são tão lentas que mal se notam, e a gente continua se vendo por dentro como sempre foi, mas de fora os outros reparam.

De um lado há o que passa com o tempo – novas marcas de experiências vividas, outros olhares sobre as que se foram –, de outro persiste o estilo, o imodificável, a marca própria de cada sujeito. O fato de estarmos intimamente implicados com essa escrita, pelo menos para alguns, torna difícil assimilar o que seja a velhice.

Se não sabemos onde a velhice se instala é porque ela se escreve em geral no entremeio de um ano que se enlaça ao outro. No melhor dos casos este deveria ser um de seus destinos: atualizar a história, escrevendo-a até o ponto onde uma reticência deixaria um texto ainda em aberto. Em suas entrelinhas, a morte simplesmente apagaria a vida, mantendo intactas suas marcas ou raízes de onde nasceriam outras escritas pelo legado de uma história.

O cinema e a literatura apresentam-nos obras com excelentes exemplos desse sujeito que não envelhece, apesar da velhice. Várias delas serão objetos de reflexão ao longo desse livro. Por hora me vêm como de um golpe três belos exemplos: o último livro de Gabriel García Márquez supracitado e os filmes *Desde que Otar partiu* (2003) e *Elza e Fred* (2005).

Em *Elza e Fred* presenciamos, além da comovente história de um amor contingente entre dois idosos, o cuidado de não se reduzir a velhice a um grupo de iguais. O filme não joga com imagens idealizadas da velhice: sabedoria, "melhor idade" e "maturidade", sustentadas pela ideia de que a velhice por si mesma colocaria em cena outro sujeito, apagando a singularidade de cada um e seus sintomas. Não basta ser idoso para tornar-se um sábio na condução da vida.

O filme expõe o real presente nesse momento da vida, a realidade de um corpo que envelhece sem anular a relação fundamental de cada um com seu desejo e as formas inéditas de poder responder às questões que a velhice sempre impõe.

Os dois protagonistas conduzem a velhice a partir de seus próprios traços. Elza brinca com a vida como sempre parece ter brincado. Aos 82 anos encontramos um sujeito com seus sintomas: mente a idade, faz pequenas trapaças, joga com a vida como lhe é possível para tratar o real, inventando situações para se safar de pequenos delitos. Mesmo consciente de sua grave doença, sonha, deseja, ama e constrói pequenas delícias no dia-a-dia, conduzindo o imponderável.

Fred vive o luto pela perda da esposa morta há sete meses. Bastante obsessivo, com maneiras rígidas de conduzir seus hábitos cotidianos de forma a não alterar nada de sua rotina, completamente comandado por um corpo supostamente doente e submetido a inúmeros medicamentos, vê-se de um momento para o outro fisgado pelas diferenças que Elza lhe expõe sem nenhum constrangimento. Encanta-se com ela, tem medo, mas não recua diante do inesperado. Abre-se à vivência do novo, tecendo com Elza sonhos e sensações jamais experimentadas. Desprendendo-se pouco a pouco de sua farmácia particular, entrega-se aos riscos e encantos que a vida lhe abre. Um corpo que envelhece fazendo laço ao que jamais envelhece. Fred demonstra que é possível inserir novos enredos nessa escrita já começada.

Acostumados a imagens globais tão sem marcas, com corpos perfeitos, rostos sem rugas e pele renovada, esse filme prima por expor a beleza que habita na sustentação do desejo, tecido sob as falhas e rugas que a vida impõe.

Suportando-se sob o que da vida sempre manca e abrindo-se ao inusitado, vigora nessa película uma concepção de amor fora do ideal de completude e do imperativo dos "sozinhos e satisfeitos". O amor como encontro possível revigora o voto de Guimarães: "Qualquer amor é um pouquinho de saúde, um descanso na loucura". Elza e Fred apostam no amor, apesar do tempo que passa.

Escrita do singular

Escrever com a contingência da vida é saber transitar no tempo que passa dirigindo-se ao passado, bebendo de suas fontes e enlaçando-o ao presente e ao futuro sempre incerto. É suportar a falta presente em cada encontro, sustentando com ela alguma escrita.

> A vida necessita sustentação:
> — Se eu nada fizer, nada existirá.
> — Mas, se fizeres, poderá existir. Ou não.
> — Sempre a inexistência tem mais força? – pergunto.
> [...] *E escreve no seu caderno: um dom vem colocar-se ao lado do meu fazer para o proteger do nada.* (LLANSOL, 1998, p. 7)

Dom, graça, traço que não se apaga... Se os destinos de cada dom recebido são sempre incertos, uma coisa é certa: quando ele se apresenta o sujeito ali se reconhece e se encontra identificado. Sentir-se identificado é saber fisgar e escrever com a marca que é sempre própria. Se isso não protege ninguém dos encontros com as faces por vezes duras da vida, pelo menos ali o sujeito se localiza e pode encontrar suas saídas.

Esta é a história de Riachão de Salvador, "cronista musical da cidade" (86 anos)[1]:

> Desde nove anos que eu canto porque ouvia as músicas do Rio de Janeiro, dos grandes compositores e tinha naquele tempo o fonógrafo; eram aquelas vitrolas antigas. Já nesse tempo eu ouvia as músicas do Rio e como criancinha, nasci com esse dom que Deus me deu. E aí comecei a cantar desde pequeno, antes de nove anos já cantava o que aprendia no rádio. Meus pais eram muito pobrezinhos, mas eu escutava no rádio da vizinha, compreendeu? E assim, e aí eu fui ficando nesse gostinho, mas é coisa dada por Deus. Cada um tem; é o dom. Por isso hoje eu estou no que estou. Então, eu acredito muito nesse Pai e tenho certeza que é um dom dado por ele. [...] Na idade de quatorze para quinze anos foi que eu aprendi o ofício de alfaiate. Meu pai me botou para aprender esse ofício. Eles desconfiaram que eu pudesse ser alfaiate porque minha mãe ficava ali costurando e eu só ficava junto dela, olhando, olhando... Fui aprender essa arte e trabalhei nas grandes alfaiatarias que existiram aqui. Aí pronto, passei... e coisa e tal... Depois com a música fui costurando.[2]

Seguindo seu dom, Riachão tornou-se o que é: compositor, cantor, repentista e amante da vida. Cantando, como cantou durante todo o tempo em que estivemos juntos, escreve sua vida com letras musicais. E "aí pronto, passei..." sugere em seu relato os cortes feitos pela vida afora com os quais concluía algo, abrindo-se a outra via. De alfaiate a cantor seguiu, como segue ainda, seu dom, seu estilo de cantar o samba, compondo músicas, improvisando outras com as quais canta a vida.

Cantar para que o fazer seja protegido do nada, escrever para que os traços imprimam uma existência. Que escrita é essa que se posta assim de forma tão imperativa, clamando o ato? Llansol lança outra lógica sobre a tessitura do texto: o que importa quando se escreve é saber em que real se entra. Sim, diríamos, pois não há como escapar do imponderável que caminha passo a passo conosco e nos pega sempre de surpresa. E coisa paradoxal, sem o imponderável, imprevisto, inassimilável, não importa que nome se dê a isso, a vida não existiria. Não existiria a falta que inaugura o desejo, não existiria

---

[1] Riachão, Clementino Rodrigues, é cantor e compositor de diversas músicas em estilo de crônica. Algumas são muito conhecidas: "Meu patrão", "Saia", "Judas traidor", "A nega que não quer nada", "Terra santa", "A morte do motorista da praça da Sé" e "A tartaruga".

[2] Encontro em 30 de abril de 2006 no Cantinho da Lua, Pelourinho. Esse momento só se tornou possível pelo apoio da amiga e colega Ida Freitas e Negão. O Cantinho da lua de Clarindo Silva é uma das marcas da história do Pelourinho de Salvador.

o limite e a morte, e a vida não se instalaria como movimento.

O real está no inesperado de cada dia, está na presença inassimilável da morte, mesmo tão efetiva, nas diversas perdas, reais ou imaginárias, nos encontros e desencontros, permeando a vida de incompletude sem a qual não ousaríamos criar objetos possíveis ou impossíveis ao nosso desejo. De toda forma, há que saber em qual real se entra ou como se entra para que um "dom" venha colocar-se ao lado de cada fazer.

A propósito, lembro-me de uma indicação de Italo Calvino ao abordar a leveza em uma de suas conferências de *Seis propostas para o próximo milênio*. Perseu consegue decepar a cabeça de Medusa sem ser petrificado pelo seu olhar, sustentando-se com o que há de mais leve: as nuvens e o vento, sem, contudo, negar a realidade.

> Perseu consegue dominar a pavorosa figura mantendo-a oculta, da mesma forma como antes a vencera, contemplando-a no espelho. É sempre na recusa da visão direta que reside a força de Perseu, mas não na recusa da realidade [...]. (CALVINO, 1998b, p. 17)

Mesmo submerso ou tocado pelo imponderável, há diferentes maneiras de conduzi-lo. As respostas a ele modificam-se também com o percurso da vida. Aquilo que parecia insuportável, impossível, dolorido ou mesmo estranho em um momento, em outro já não o é.

Toda escrita é permeada por algum ponto impossível de dizer ou nomear, e isso toca a escrita da velhice. Junto ao que funciona bem, encontra-se sempre algo que não se encaixa como previsto ou imaginado. Há uma "memória da escrita para além do que se diz" (CASTELLO BRANCO, 2000, p. 53); escrita que se suporta sob um resto indizível.

A velhice é um nome difícil de nomear, por isso acaba tendo vários nomes, sem que nenhum deles possa dizer exatamente o que ela seja. Ninguém é imune às concepções de velhice que circulam em cada época, em cada cultura, nas políticas públicas, nos diversos discursos. Elas têm efeitos sobre os possíveis destinos da velhice e sobre as formas de tratá-la; todavia, os efeitos não são os mesmos para cada sujeito. Para alguns, por exemplo, a chegada da aposentadoria pode soar como perda de identidade, desqualificação, menos valia, entre outros sentimentos, a partir da associação entre aposentadoria e "entrada na velhice", no sentido negativo do termo: queda do desejo e fim de projetos. Para outros, apesar de possíveis efeitos negativos do verbo "aposentar" e das modificações acarretadas pela aposentadoria, é um momento em que se inauguram outras formas de trabalhar a vida.

Para outros é a idade que toca mais profundamente a concepção de velhice. A denominação "3ª idade" pode provocar o imaginário de que aí algo do desejo deva ser abandonado. Mesmo que ninguém seja alheio ao que circula sobre a velhice, cada um pode, a partir de sua forma de conduzir as perdas e modificações, criar com ela costuras originais e diferentes roupagens.

Como retomaremos várias vezes ao longo deste livro à questão do desejo, torna-se importante indicar de maneira simples como a psicanálise o concebe. Desejo não é vontade. Posso ter vontade disto ou daquilo, nomeando-a. Mas nem sempre encontramos palavras para nomear o desejo, e, quando o fazemos, é sempre parcialmente, pois o objeto do desejo, além de mudar de forma, apresenta-se ligado à fantasia de cada um. Isso indica que o desejo só se realiza parcialmente. Marcado por uma falta – desejamos o que nos falta –, esta não é, todavia, preenchível. É a falta que nos coloca em movimento.

Isso não significa que temos de viver na carência de objetos e na privação de laços ou de realizações pessoais para desejarmos. Significa apenas que o desejo se realiza de maneira muito particular e sempre parcialmente.

Apesar de o mercado de bens de consumo vender a ilusão de produzir os objetos adequados ao nosso desejo, atiçando a substituição deles por outros de forma cada vez mais rápida, o mercado não é capaz de criar os objetos adequados ao desejo de cada um. O desejo não envelhece e não morre, mas apresenta-se de maneiras diferenciadas no curso da vida.

A velhice como uma escrita, escritura, marca, rasura, entrelaça-se a toda forma de escrita, seja ela literária, poética, artística, musical, cinematográfica... pois todas tangem o desejo e a falta; algo escapa àquele que escreve. Não há como se apoderar de todas suas letras, mas escapando, ela está, entretanto, incrustada no mais íntimo de cada sujeito como um "insabido", algo que sempre esteve ali pronto a se tornar saber ou ser reconhecido. Tão perto, tão longe, eis o destino irremediável da velhice, tornando-a estranha e familiar.

Como escrita, ela se assemelha a outras formas de escrever; tentativa de nomear ou conduzir o indizível, o imponderável ou o imprevisível que surge como um "acontecimento" para o sujeito. O acontecimento é um fato impossível de ser negado e que surge de forma inesperada. A associação entre velhice e acontecimento indica que ninguém se prepara verdadeiramente ou totalmente para estar nela, ela nos pega sempre de surpresa. Ao mesmo tempo, não fazemos outra coisa na vida que caminhar em sua direção. Da velhice ninguém escapa, a não ser morrendo jovem.

O acontecimento da velhice pode postar-se como um inesperado difícil de tratar e um desafio em que o sujeito confronta o desejo e sua realização. Isso indica que se muitas coisas não podem mais se apresentar como antes, faz-se necessário fazer o luto, abrindo trilhas transitáveis ao desejo. Se este não morre nem envelhece, exige, entretanto, outras formas de se realizar no decurso da vida.

Como acontecimento, a velhice coloca inúmeras questões por meio das diferentes modificações que se processam nos laços sociais, na imagem, no corpo e nas relações com o Outro. Se delas ninguém escapa e nenhuma fuga é possível, não há outra saída senão suportar e conduzir seus efeitos criando escritas possíveis.

Diante disso, respostas particulares comporão diferentes textos. Os modos de compor com as "letras", formando palavras, frases, parágrafos, escrevem diferentes textos: poético, literário, musical, cinematográfico, artístico... pelos quais a vida circula. O texto escrito na velhice sofre destinos que dependem daquele que o escreve. Alguns textos suportam o vazio, o intervalo, permitindo que o leitor respire, entre suavemente por suas portas, colhendo ali o novo, e outros podem comprimir o leitor.

Tecendo com os fios do tempo

Os traços dessa escrita começada precocemente não se apagam com a passagem do tempo. Como indicou Freud ([1895], 1976, p. 317), o aparelho psíquico se constitui por traços que não morrem. Alguns deles, mesmo não sendo acessíveis ao sujeito, provocam efeitos sobre os outros que virão. Esses traços, marcas de cada experiência, sofrem de tempos em tempos rearranjos, novos sentidos e destinos em conformidade com as circunstâncias da vida.

Como um texto, nossos traços ou "letras" marcadas em nosso corpo pelo que ouvimos, sentimos, olhamos, percebemos e também imaginamos guardam uma memória. Todas as inscrições que não morrem nem envelhecem situam-se em um tempo bem peculiar: passado, presente e futuro fazem determinados laços ou nós. Esses laços indicam que o passado nunca é morto, não há um presente puro e não existe um futuro a não ser pelas interpretações e sentidos dados no presente de cada parte desse texto.

Cada um enlaça o tempo como pode. Esse texto não para; estamos sempre a ler, escrever e dar sentido ao que foi e continua a ser escrito. "Se escrevo o que sinto é porque assim diminuo a febre de sentir", confessa Pessoa (2006, p. 50). Responderia Llansol (2003b, p.69):

[...] escrever

o jogo da liberdade da alma

é o mesmo que sentir a existência a brincar

com o *álbum do futuro* [...]

Imagem belíssima para se pensar o movimento do tempo e da escrita. Os álbuns remetem em geral ao registro do passado e, conforme nosso dicionário (HOUAISS; VILLAR, 2001), o álbum era para os antigos romanos uma tábua ou painel em branco utilizado para expor ao público diferentes notas comemorativas, frases públicas, anúncios, etc. É também um livro destinado ao registro da escrita, seja ela qual for, caderno onde se postam fotografias, selos, recortes... Livro ou caderno onde se depositam preciosidades, segredos, vestígios de cada dia, enlaçando o passado e o presente com indicações para o futuro. Circulação de traços de cada experiência que visitamos, renovamos, traduzimos ou inauguramos. O álbum do futuro pode ser uma composição de imagens, palavras não ditas que evocam registros vividos, desejados ou imaginados, não importa.

Vicissitudes, percalços e rasuras da escrita

Produzir um texto não é uma tarefa fácil! Centenas de escritores afirmam as dificuldades dos caminhos da escrita. Entretanto, como salientou Clarice Lispector, não escrever é também impossível (1999, p. 31).

O texto da vida sofre vicissitudes e percalços semelhantes àqueles encontrados na relação do escritor com a escrita. As vicissitudes indicam o inesperado e os destinos possíveis da escrita. Os percalços são os transtornos e obstáculos a serem vencidos, bem como os ganhos advindos de seu enfrentamento. Vicissitudes e percalços são atravessados por rasuras e falhas inerentes à escrita.

De início encontra-se o escritor diante da folha em branco, lugar por excelência da angústia. O espaço em branco pode apresentar-se na vida sob a urgência de que algo se escreva, movimente-se, mas o sujeito não sabe como. O desejo pode perder suas vestimentas, prevalecendo o encontro com a face atordoante de uma vida sem perspectivas. Há que suportar e tratar os impasses, as dúvidas e as inibições.

> O processo de escrever é feito de erros – a maioria essencial – de coragem e preguiça, desespero e esperança, de vegetativa atenção, de sentimento constante (não pensamento) que não conduz a nada, e de repente aquilo que se pensou que era "nada" era o próprio assustador contato com a tessitura de viver – e esse instante de reconhecimento, esse mergulhar anônimo na tessitura de viver – e esse instante de reconhecimento (igual a uma revelação) precisa ser recebido com a maior inocência –, com a inocência de que se é feito. O processo de escrever é difícil?, mas é como chamar de difícil o modo extremamente caprichoso e natural como uma flor é feita. (LISPECTOR, 1999, p. 73)

Um texto composto por pequenas partes requer paciência e persistência, porque concluído sempre expõe algo inconcluso. Escrever é também cortar o excesso de palavras que bordejam o texto da vida. Essa impossibilidade de escrever tudo provoca, no melhor dos casos, o movimento a escritas possíveis. Como nos lembra Marguerite Duras (1994, p. 27):

> Se soubéssemos algo daquilo que se vai escrever, antes de fazê-lo, antes de escrever, nunca escreveríamos. Não ia valer a pena. [...] Escrever apesar do desespero. Que desespero, eu não sei, não sei o nome disso. Escrever ao lado daquilo que precede o escrito é sempre estragá-lo. E é preciso no entanto aceitar isso: estragar o fracasso significa retornar para um outro livro, para um outro possível desse mesmo livro.

"Para um outro possível desse mesmo livro" porque, afinal, não escrevemos mais do que um livro, ou versões atualizadas de um mesmo livro. Essas versões não formam jamais uma edição única, homogeneizada ou totalmente coerente. Ainda bem, senão a vida seria enfadonha de ser escrita. Se "soubéssemos aquilo que se vai escrever antes de fazê-lo [...] nunca escreveríamos", pois esse saber já seria a própria escrita.

Apesar do desespero pelo qual se é tomado por vezes pelo insensato da escrita do dia-a-dia, existe, concomitantemente, uma face divertida quando quem escreve deixa-se penetrar pelo inesperado e viaja por lugares ainda não visitados. Isso se assemelha à relação do artista com a tela a ser preenchida.

> Uma tela branca.
> Um papel branco.
> Uma superfície interessante.
>
> Molha-se o pincel na tinta e aproxima-se do plano da pintura. Nossa ação está dividida entre a segurança das regras apreendidas e as dúvidas que nos assaltam. Sim, é preciso dizer: as dúvidas são muitas e é com elas que o artista trabalha. Muitas vezes é com o olhar vencido que o pintor trabalha. É preciso aqui distinguir que o olhar vencido não é o olhar derrotado. [...] No ato da primeira pincelada, naquele mesmo instante, somos denunciados aos nossos olhos por outro dizer, um dizer da pintura. Só nos resta continuar nosso trabalho dialogando com este dizer da pintura. Fazendo com que ela receba nossas decisões, nossas vontades, mas também é preciso escutar o que aquela superfície tem a nos dizer. (FINGERMAN, 2005, p. 133)

Uma escrita se faz escutando, inventando, e nunca vai sem tropeços ou sem a dúvida. Para pintar seu quadro, cada um tem de suportar a ausência da cor primordial, mesmo habitando em um mundo que se diz feito sob medida ao desejo e vendendo a ilusão da existência de "todas as cores". Não existe a "regra de ouro" de como "pintar"; não há regras de bem-viver, bem-envelhecer aplicadas a todos. Se a autoajuda ajudasse teríamos um quadro homogeneizado e respostas infalíveis ao imponderável da vida.

Como no quadro, cada um tem de "dialogar" com o dizer, que reside por detrás do que se mostra, se ouve, se conta ou se vende como a Verdade. Há que desconfiar sempre dessa verdade inteira e universal dirigida a todos.

Como o artista e o escritor, somos tomados por vezes pelas dúvidas, a questão é saber o que fazer com elas. Elas podem nos paralisar ou nos instigar a enfrentar o inesperado. Como o artista, é preciso suportar que as "cores" não estejam disponíveis no "mercado das tintas". Cada pintura ou escrita é única, mesmo que algo vá além ou aquém do que se esperava. Se não fosse pelo inesperado ou pela surpresa a escrita não valeria a pena.

> Eu atravesso as coisas – e no meio da travessia não vejo! – só estava era entretido na idéia dos lugares de saída e de chegada. Assaz o senhor sabe: a gente quer passar um rio a nado, e passa; mas vai dar na outra banda é um ponto muito mais embaixo, bem diverso do em que primeiro se pensou. Viver não é muito perigoso? (ROSA, 1986, p. 26)

Não são raros os idosos que justificam a dificuldade com o texto da vida pela conjunção entre velhice e falta de desejo. A velhice passa a ser o álibi para tudo, promovendo a ausência de implicação do sujeito com aquilo que lhe concerne.

É fundamental construir um saber sobre o que paralisa a escrita, pois mesmo à revelia do sujeito essa história não para, e abdicar-se de sua autoria é abrir-lhe a um destino funesto. Essa escrita deve perseverar até a morte.

Do recomeçar pode advir desânimo ou a dor do recomeço "[...] é na primeira palavra, na primeira frase, numa espécie de paralisia, que se enrijecem a reticência, o terror, o desencorajamento, a angústia. Por onde começar? Torna-se rapidamente: é mesmo preciso começar?" (SCHNEIDER, 1990, p. 451-452).

Não há outra saída senão recomeçar, encontrando o fio da meada perdido. Quantas vezes não se perde o fio da meada?! Nesse recomeço, a angústia poderá surgir sinalizando o ponto onde o desejo mancou em sua realização. A angústia, como afirmou Lacan (2005), é um afeto que não engana e sinaliza algo do desejo. O "remédio" para a angústia é desejar, mas desejar é saber sustentar o desejo em sua incompletude; é suportar a falta da palavra salvadora, da cor ideal, da costura perfeita.

Diante desse incômodo que afeta diretamente o corpo com falta de ar, dor no peito, ansiedade e vazio, o sujeito não tem como se esquivar. Pode até pretender esvair-se pelo artifício das reticências, mas um texto não se sustenta apenas por elas. Um dia, mesmo sob o uso de remédios para a dor, a angústia retorna para lembrar ao sujeito o que foi deixado para trás.

Mesmo que as palavras fujam, escorreguem, não tenham direção, não sejam suficientes – elas nunca o são mesmo –, é preciso suportar a falha inerente à escrita da vida. É necessário insistir em uma escrita possível, mesmo que o texto não seja exatamente conforme se pretendia.

Fixar em uma única maneira de escrever a vida é fechar-se à busca, é pretender paralisar o tempo, abdicando-se do inesperado e de pequenos prazeres nos atos simples de cada dia.

Entre a inibição e a angústia pode-se ainda impor com vigor a insônia da escrita: "[...] noite branca em que me afundo, escrevendo, no impossível desejo de escrever. [...] A escrita é uma insônia. Ela tece as mesmas relações paradoxais entre desejo e sua realização" (SCHNEIDER, 1990, p. 10).

Pode-se também adormecer, como uma espécie de fuga àquilo que desacomoda, incomoda. Dorme-se por vezes diante do que se sofre, mas como não há sono que seja eterno, a não ser o da morte, se desperta um dia novamente diante de uma página a ser escrita.

Nas palavras de Maria Gabriela Llansol (1998, p. 34):

> De vez em quando, uma tecla da máquina de escrever encrava numa letra; a minha, por exemplo, encrava no *u*. Tão incidente material derruba o texto- só o texto aparente, O outro, a textura nua, dorme fluído. Expande e traça raízes, enrola-se na irritante resistência dos *uu* mortos onde emperra essa espécie de máquina do ser.

Um texto que emperra, não importa em que tecla, sinaliza algo àquele que escreve e lê seu escrito. Isso se apresenta em diferentes momentos da vida, e, com certeza, a velhice ou o sentimento de velhice podem provocar com mais vigor novas escritas e traduções ou a tentação de se furtar à escrita, entrando na inibição, no recolhimento ou na procrastinação. Enfrentar os percalços da escrita na velhice é abrir-se a outras páginas desse texto inacabado.

Velhice e seus estilos

A velhice se escreve com vários estilos. Os estilos indicam como cada um edita um texto com as "letras" recebidas. Ele é o traço mais pessoal e primordial do sujeito que não há como apagar nem necessita esforços para demonstrar. "Ter um estilo é falar um dialeto particular, único e inimitável no meio da língua comum e que, todavia, seja a linguagem de todos e, ao mesmo tempo, a linguagem de um só" (GOURMON *apud* SCHNEIDER, 1990, p. 433).

O estilo encontra-se no que não envelhece e só se realiza pela presença do sujeito. É uma presença a ser descoberta, com tudo que esta afirmação possa soar de paradoxal. Presença que se torna efetiva quando o sujeito a toma em suas mãos. Alguns sujeitos fazem de seu estilo uma morada confortável tecendo, apesar da dor de existir também intrínseca à vida, saídas marcadas pela construção.

Enlaçando a escrita de sua análise iniciada aos 89 anos à história lembrada, contada e escutada de seu percurso de vida, Dona Mariinha publica aos 91 anos suas memórias.[3] Escolha e ato de coragem marcam sua maneira de escrever a vida. Ali se encontram os traços de um sujeito que não envelhece e tece sua velhice da mesma forma que teceu sua vida; enfrentando as dificuldades, cortando, transformando e costurando – como costureira que também é –, os diferentes tecidos que a vida lhe entregou. Sua maneira de cortar, costurar e inventar combinações dos tecidos da vida, transformando aqueles esgarçados pelo tempo em outras "costuras", demonstra que o estilo e o desejo se apresentam e se realizam para além das dificuldades inevitáveis da vida.

Escrever é atualizar o tempo das memórias, dando-lhes outros sentidos. No final da escrita de seu livro ela conclui:

> Deus criou o mar, deu limite aonde ele podia ir, assim em nossa vida temos também nossos limites... Quanto escuto o barulho das ondas se quebrando na areia, sinto a presença de Deus, e penso: pois é o mar também chegou a seu limite. (CARVALHO, 2007, p. 113-114)

Outro belo exemplo de estilo é o de Maria Helena Andrés, que perpassa além do exposto por sua vasta e bela obra como artista e escritora. A mulher de hoje, aos 86 anos, não se difere, em seus traços fundamentais, da mulher de anos atrás. Nascida em uma geração na qual as mulheres tinham no geral como única função a maternidade, em vez de fazer desta um álibi para se ausentar de sua condição de artista, soube conciliá-la com seus seis filhos e o casamento.

Com os filhos pequenos, enlaçava seu fazer artístico ao brincar das crianças, dando-lhes grandes folhas ou tintas com as quais pintavam o grande muro da casa onde moravam. Nunca deixou de expandir sua arte, seu estilo, expressando-se ainda hoje com todo vigor em muitas pinturas e

---

[3] A propósito, ver: CARVALHO, 2007.

outras formas artísticas, até mesmo ministrando palestras e acompanhando grupos em oficinas de arte.

> Vivo sempre o momento e meu momento é este. Não fico questionando, separando a vida cronologicamente; a minha idade é esta que estou vivendo agora, não acho nada ruim. [...] A gente vai sempre escrevendo a vida, meu dar maior é nas artes plásticas [...] o que escrevo é o que vivo, não tem distância. Não escrevo coisas extraordinárias. Tem pessoas que escrevem coisas bem elevadas, mas na vida cotidiana não conseguem encaixar, têm dificuldades de viver o cotidiano, têm depressão. Estou com uma produção enorme, sinto-me cheia de energia e faço muitas coisas que alguns de minha idade não gostam de fazer.[4]

Sua forma de escrever a velhice não se difere da forma como escreve sua vida e tratou o encontro, sempre presente, com a falta, até mesmo a perda de seu fiel companheiro. Apesar da dor, soube sustentar seu desejo, abrindo novas trilhas para continuar a vida.

> Quando a casa do Retiro ficou pronta, meu marido morreu. Então, acho que fiquei uma viúva nova (com mais ou menos 53 anos) e soube me virar sozinha. No começo tive muita dificuldade de me adaptar para viver na solidão. Mas a morte, as perdas, os traumas são importantes, não podemos renegar o passado, ele é rico. Essa perda de meu marido foi dolorosa, uma experiência muito forte, mas não fiquei ruminando a dor, temos que encontrar outros aspectos da vida. Dois meses depois fui embora para a Índia, passei um ano lá [...]. Fiquei muito solicitada na época pelos irmãos, querendo me proteger, e os que moram no Rio querendo que me mudasse e fosse morar junto com minha mãe. Vi que isso não seria legal para mim, para a expansão de minha pintura, meus interesses. Fui para a Índia, voltei e minha vida mudou, passou uma página.

Não há como ensinar alguém a escrever seu próprio texto. Não há como copiar simplesmente o estilo do outro, cada um só pode fazê-lo a partir de seus próprios traços. Todas as regras de "bem-viver", "envelhecer bem", "ser feliz" encontram sempre aquilo que jamais se homogeneíza: o sujeito com seu estilo, seus traços.

O estilo é marcado por pequenos arranjos particulares, saídas construídas, inventadas por cada um. Acolher o dom é habitar bem com o estilo.

Tudo isso faz eco com umas das proposições trabalhadas no meu outro livro, *O sujeito não envelhece* (2006): a velhice se mede pelos atos. O ato não é uma ação qualquer, não é um movimento, mas uma implicação do sujeito

---

[4] Maria Helena Andrés. Encontro realizado no Retiro das Pedras, março de 2006.

com seu desejo mais genuíno. No ato não há garantias, apenas a decisão ancorada pelo desejo com efeitos sobre os destinos da vida, por exemplo, o sujeito pode optar por se tornar apenas um "aposentado", aposentando seu desejo, ou pode construir outra coisa depois da aposentadoria. Lembremos-nos de Wim Wenders: "Não sei se acredito em destino, mas acredito na decisão".[5]

Outro percalço possível da escrita da velhice é o recuo a um passado no qual o sujeito se sentia autor de seu texto. Isso leva alguns idosos, pelo menos aparentemente, a pararem no tempo. O "meu tempo", com toda força de expressão, indica tanto um tempo no qual o sujeito tecia sua vida identificando-se com sua escrita quanto assinala uma dificuldade em se movimentar no tempo.

Para ler o que se escreve

Na escrita da velhice está aquele que escreve e pode ler seu escrito. Conforme Quintana (2003, p. 4), aprendemos a "escrever lendo, da mesma forma que se aprende a falar ouvindo". Ler, contar e escutar são partes da escrita. Antes de poder ler e escrever sua história cada um foi escrito, falado, tocado e nomeado, só depois pôde compor com isso uma determinada história. O enlaçamento entre o passado já escrito, o presente e futuro é bastante complexo, pois o tempo do qual se trata não se refere apenas ao cronológico.

> Legente, que diz o texto? Que ler é ser chamado a um combate, a um drama. Um poema que procura um corpo sem-eu, e um eu que quer ser reconhecido como seu escrevente. [...]
> O luar libidinal é o nome que dou hoje a esse compromisso. (LLANSOL, 2000, p. 18)

Traduzimos o "luar libidinal" como a escrita-leitura que permite viajar pelas entranhas do texto. O texto respira, atravessa sulcos, entra nas rasuras e dobras da língua e dança com elas. Tarefa nem sempre fácil exigindo do autor e leitor saber jogar com a falta que toda escrita impõe.

No dizer de "Vovó Rita" (83 anos), como é chamada em Lavras Novas:

> Estou na vida, queira ou não, não adianta reclamar do mundo de hoje. Mesmo que queira horrorizar não adianta; pior, ou melhor? – eu não sei. A vida boa de hoje, namorando à vontade, parece que tem tudo e a gente custa a entender, mas entende. Quando vim, as coisas já estavam aqui. É difícil envelhecer? Para mim sim, para mim não, mas o tempo chegou e nós temos que acompanhar.[6]

---

[5] Filme *Asas do desejo*, 1988.
[6] Encontro realizado em Lavras Novas, junho de 2007.

Antes de escrever fomos escritos, só depois buscamos sentidos, interpretações, leituras dessa história começada em um tempo anterior. Só depois o sujeito começa a contá-la, a escrevê-la, traduzi-la, e isso não para.

Nas palavras G.H., de *A paixão segundo G.H.* (LISPECTOR, 1988, p. 134, 137-138):

> Não, nem a pergunta eu soubera fazer. No entanto a resposta se impunha a mim desde que eu nascera. Fora por causa da resposta contínua que eu, em caminho inverso, fora obrigada a buscar a que pergunta ela correspondida. Então eu me havia perdido num labirinto de perguntas, e fazia perguntas a esmo, esperando que uma delas ocasionalmente correspondesse à da resposta, e então eu pudesse entender a resposta. [...] Eu arriscava o mundo em busca da pergunta que é anterior à resposta. Uma resposta que continuava secreta, mesmo ao ser revelada a que pergunta ela correspondia. [...] Pois a coisa nunca pode ser realmente tocada.

Algo não se recupera jamais dessa primeira resposta, por isso o sujeito busca sentidos diversos diante dessa perda inaugural de sentido.

Escrever, apesar do impossível de escrever, lembrar e contar, mesmo sob o impossível de tudo lembrar e dizer, escutar, ler e silenciar se constituem alguns dos fios com os quais a vida se tece.

Somos continuamente leitores de nosso texto a partir de tantos outros textos já "lidos" e escritos anteriormente. "Sempre que um texto revisita os seus lugares, apõe-lhes um suplemento, comentários [...] sem que exista um lugar inicial revisitado que não seja já suplementar" (EIRAS, 2005, p. 12).

Novo e velho misturam-se, e de repente algo surpreende: outra forma de organizar as palavras, pontuar uma frase, introduzir fragmentos... Outros sentidos nascem nessa "revisitação" continuada do texto. Outras leituras apresentam-se de textos anteriormente escritos. Tudo isso sob a vigência de um tempo necessário para compreender, poder ler e reescrever o já lido.

Nenhuma leitura é conclusiva, pois ela está no tempo. Ler o que se escreve implica aprender a entrar nas pulsações da escrita e em sua pontuação. A vida tem pulsações, e com elas escrevemos. É possível vislumbrar alguns futuros da escrita a partir das marcas deixadas pelas anteriores, mas algo sempre surpreende. Adentrar-se pelo inesperado é abrir a porta por onde caminha o novo dos velhos tecidos da escrita.

Ler significa ainda conhecer a língua com a qual escrevemos, e essa "língua mãe" é muito particular. Esta pode tornar-se estrangeira a quem escreve se ali não se apresentam as marcas próprias do escrevente. De toda forma não existem regras de uma boa leitura. Cada qual terá que aprender a suportar seus intervalos, pontuações, viajar pelas reticências encontrando um prazer em seu texto. Como salienta Barthes (1996, p. 18 e 35),

> [...] é no próprio ritmo daquilo que se lê e do que não se lê que produz o prazer dos grandes relatos. [...] ele produz em mim o melhor prazer se consegue fazer-se ouvir indiretamente; se, lendo-o, sou arrastado a levantar muitas vezes a cabeça, a ouvir outra coisa.

As leituras podem se repetir fisgando quem lê. Muitas vezes repetir é buscar um sentido perdido e importante. Há que saber escutar os caminhos da repetição, extraindo suas consequências. Basta lembrarmo-nos de como as crianças amam ouvir repetidas vezes as mesmas histórias.

Contar e escutar não são em vão

Em *Seis propostas para o novo milênio* Italo Calvino (1998b) afirma que a técnica popular na tradição oral obedece a determinados critérios. Primeiro, negligencia detalhes inúteis, "mas insistindo em algumas repetições, por exemplo, quando a história apresenta uma série de obstáculos a superar"(CALVINO, 1998b, p. 49). Isso se assemelha à arte de contar histórias de nossa vida. Há um ritmo, uma cadência no relato que fisga quem a escuta. Há no contar certo caráter lacônico e conciso. Ao contador de histórias resta recolher o máximo possível da narrativa.

> Mestra de estilo, feiticeira da arte narrativa, era aquela negra velha que nos contava histórias em pequeninos. Ficávamos literalmente no ar, nem respirávamos quando ela, encompridando a corda, dizia, arrastadamente essa longa frase, cheia de nada e de tudo: – E vai daí o príncipe pegou e disse... (QUINTANA, 2003, p. 1)

Contar pressupõe saber lidar com o tempo e transformar o mais simples em algo completamente original, pois "[...] nenhuma experiência foi insignificante; o menor acontecimento desdobra-se com um destino" (RILKE, 1993, p. 30).

Contar é suportar o corte do tempo e seus intervalos. Um ótimo exemplo é o conto "As mil e uma noites": "A arte que permite a Scherazade salvar sua vida a cada noite está no saber encadear uma história a outra, interrompendo-a no momento exato: duas operações sobre a continuidade e a descontinuidade do tempo" (CALVINO, 1998, p. 51). Nada disso é alheio à escrita da velhice. Contar é saber suportar que o texto tem diferentes ritmos.

Por vezes o sujeito se cansa de tanto falar, pois ali algo se repete no excesso. Dar intervalos ao que se conta é um dos caminhos para a entrada na cadência do tempo, escutando o que se repete com tanta insistência, pois toda repetição tem um sentido. Na clínica encontramos sujeitos que chegam cansados de tanto falar e por não suportarem falar em vão.

Muitos idosos contam e recontam o passado, e isso não é também em vão. Contar e recontar são formas de ler o escrito, atualizar um tempo aparentemente passado. Toda repetição guarda algo de novo, mas faz-se necessário que o contador escute também suas histórias. Buscar um ouvinte é saber de alguma forma que ao falar para alguém se experimenta o efeito da própria fala.

Nessa direção, o filósofo Walter Benjamin acentua em *O narrador* que retransmitir a experiência ao ouvinte é uma condição da sobrevivência da narrativa e da memória. Na época da escrita dessa obra (1930) ele demonstrava preocupação com a perspectiva do desaparecimento da narrativa e da arte de contar histórias.

> Narrar histórias é sempre a arte de as continuar contando e esta se perde quando as histórias já não são mais retidas. Perde-se porque já não se tece e fia enquanto elas são escutadas. [...] No momento em que o ritmo do trabalho o capturou, ele escuta as histórias de tal maneira que o dom de narrar lhe advém espontaneamente. Assim, portanto, está constituída a rede em que se assenta o dom de narrar. Hoje em dia ela se desfaz em todas as extremidades, depois de ter sido atada há milênios no âmbito das mais antigas formas de trabalho artesanal. (BENJAMIN, 1983, p. 62)

A velhice guarda uma história a ser repassada às novas gerações, a ser reescrita, enlaçando os traços que perduram na memória dos que envelhecem aos das novas gerações. A prática de contar casos, tão comum nas cidades do interior do Brasil, perde-se com o avanço das novas tecnologias, em especial as televisivas. Nesses recantos de fim de tarde e à noite as pessoas teciam suas vidas, atualizavam o tempo, cantando melodias, contando histórias e vivificando também a memória cultural.

Em *Experiência e pobreza,* Benjamin (1987, p. 57) reafirma:

> Torna-se cada vez mais raro o encontro com pessoas que sabem narrar alguma coisa direito. É cada vez mais freqüente espalhar-se em volta o embaraço quando se anuncia o desejo de ouvir uma história. É como se uma faculdade, que nos parecia inalienável, a mais garantida entre as coisas seguras, nos fosse retirada. Ou seja: a de trocar experiências.

Lembrando Freud, quando o sujeito fala a alguém que o escuta ele diz mais do que pensava dizer, não diz exatamente o que queria, e algo se produz nessa escuta e tem seus efeitos. A análise é um dispositivo privilegiado desse tipo de escuta, mas não é o único. Vários laços sociais são importantes caminhos à escuta do que se escreve e, com certeza, a arte de contar histórias é uma delas.

Uma história se escreve, se conta, se ouve, se inventa. A partícula reflexiva "se" indica que isso ressoa sobre o sujeito. O escrever, o contar e o lembrar impõem o escutar, mesmo que não haja sempre um interlocutor.

Com assinala Proust (1994a, p. 159):

> Do livro subjetivo composto por esses sinais desconhecidos [...] ninguém poderia, com regra alguma, facilitar a leitura, consistindo esta num ato criador que não admite suplentes nem colaboradores. [...] para escrever esse livro essencial, o único verdadeiro, um grande escritor não precisa, no sentido corrente da palavra, inventá-lo, pois ele já existe em cada um de nós, e sim traduzi-lo.

Capítulo II

Do espelho e outras ficções

Uma ficção que se chama "eu"

De que é feito um eu? Michel Schneider (1990, p. 15) introduz uma analogia entre a tessitura de um texto e a constituição do eu. De que é feito um texto?

> Fragmentos originais, montagens singulares, referências, acidentes [...]. De que é feita uma pessoa? Migalhas de identificação, imagens incorporadas, traços de caráter assimilados, tudo (se é que se pode dizer assim) formando uma ficção que se chama eu.

Afirmar que o eu é uma ficção pode nos parecer de imediato estranho, pois não existimos sem um eu e um corpo, com um nome e uma imagem com os quais nos reconhecemos. Não existe um eu sem um corpo e vice-versa. Na constituição do eu estão os traços do Outro, bem como as imagens. A imagem, o espelho que carregamos de nós mesmos ou aquela que o Outro nos devolve, porta uma miopia que se apresenta bem precocemente e com a qual temos de conviver.

Quando vê sua imagem refletida no espelho, uma criança bem pequena (entre seis e 18 meses) tenta apreendê-la acreditando-a real. Percebe depois que a imagem, sendo um fato, não se pega como outro objeto do campo da realidade. Só depois ela se reconhece nessa imagem a partir de um Outro que a nomeia como tal. Esse primeiro reconhecimento antecipa, conforme Lacan (1998), uma imagem integrada da criança, mesmo que esta só possa ver nesse momento partes de seu corpo.

Nascemos com uma insuficiência em relação à apreensão de nossa imagem e, mesmo que possamos ter através dos outros uma imagem ideal de nós mesmos, um eu ideal, permanece uma miopia do olhar; não somos exatamente o que vemos. Isso marca irremediavelmente nossa relação com os diferentes espelhos da vida. Esse momento de júbilo pelo qual a criança reconhece a própria imagem refletida no espelho precipita e antecipa-lhe uma primeira identificação de si mesma, deixando marcas que não se apagam.

A experiência do espelho, tal como indicada pela psicanálise com Lacan (1998, p. 96-103), refere-se essencialmente ao encontro da criança com sua imagem através do outro pelo qual se reconhece. Esse encontro não se refere ao espelho como objeto real, mas à relação reflexiva entre o eu e o outro.

Essa falta de distância e indistinção entre o eu e o outro, encontrada na primeira identificação do sujeito com a imagem, tem como efeitos a agressividade, o narcisismo[1] e o transitivismo. Este pode ser observado em crianças pequenas diante de outras da mesma idade, a que bate se sente também batida e chora com a outra.

Apesar de essa experiência ser marcada inicialmente pelo júbilo, constitui-se posteriormente palco para diferentes experiências de estranheza e inquietude. Apresenta-se ainda nas relações posteriores com todos os outros que encontramos na vida. A imagem constituindo-se uma cobertura ao corpo ou um revestimento narcísico importante pode ser também o lugar para o ódio. Odiar a própria imagem tem diferentes efeitos sobre o eu, como veremos.

Relações do tipo "um não se move sem o outro" acarretam na maioria das vezes os mesmos efeitos assinalados acima, em especial a agressividade. De toda forma, com seus efeitos de identificação, júbilo ou estranheza, o corpo biológico com o qual se nasce ao revestir-se de uma imagem permite ao sujeito reconhecer-se como um eu.

Tudo isso alerta-nos para o fato de que entre o corpo e sua imagem perpassa uma falha e uma miopia do olhar. Fernando Pessoa (2006, p. 76) diria: "Porque eu sou do tamanho do que vejo e não do tamanho da minha altura". A imagem e os diversos espelhos representam o corpo e o sujeito, mas algo fica fora dessa representação.

Ser nomeado, nascer com determinado sexo e outros atributos e ter uma imagem que permita certa coesão instauram a primeira identificação, mas como se identificar não é tornar-se idêntico à imagem oferecida pelos espelhos, o sujeito guarda uma diferença entre o que foi recebido do outro e ele próprio.

---

[1] O conceito de narcisismo não se iguala ao uso comum como sinônimo de vaidade ou egocentrismo. Tomamos o narcisismo, com a psicanálise, como parte da constituição do eu. Trata-se do encontro do sujeito com a imagem de si que oferece a seu corpo certa unidade e consistência.

Somos tecidos, escritos por pequenas letras, traços, quase migalhas que têm uma importância fundamental, porque jamais se perdem. Se algumas dessas marcas formam uma ficção (que não é, todavia, uma mentira) que se nomeia "eu", como assinala Michel Schneider, há outras que nos fixam ou nos sustentam a ser um sujeito tal, e não outro. Uma coisa parece certa: esse eu tecido de "migalhas", colhidas nem se sabe bem como, deixando seus traços, deixa também o estranhamento. O espelho que carregamos de nós sustenta-se sob um engodo primordial, pois jamais reflete uma imagem uniforme e real de nós mesmos. À miopia do olhar cada um se acomoda como pode.

Do familiar ao estranho da imagem

De repente, em um dia qualquer, numa espécie de sobressalto, de um olhar desavisado, encontra-se no "espelho" (que não implica necessariamente o espelho real, pode ser através do outro, uma foto, um olhar) uma imagem que escapa e na qual o sujeito não se reconhece.

Quantas vezes esse olhar desavisado encontra a mesma sina e não se pensa: envelheci? Por que sendo o envelhecimento tão familiar e íntimo – envelhecemos desde sempre – a imagem envelhecida causa por vezes estranheza ou espanto? O que é desconhecido nesse rosto tão familiar? Será que o estranhamento advém, sobretudo, porque algo que não deveria aparecer surge sem nos dar tempo de acomodação?

Ser apanhado de surpresa, susto que faz despertar alguma coisa, é um acontecimento que não pode ser negado, e, ao mesmo tempo, não pode ser totalmente nomeado. Tudo isso constitui-se fonte de angústia e do fenômeno nomeado por Freud de "estranho familiar". Ele nos oferece o exemplo de uma experiência pessoal que vale citar.

> Estava eu sentado sozinho no meu compartimento no carro-leito, quando um solavanco do trem, mais violento do que o habitual, fez girar a porta do toalete anexo, e um senhor de idade, de roupão e boné de viagem entrou. Presumi que ao deixar o toalete, que havia entre os dois compartimentos, houvesse tomado a direção errada e entrado no meu compartimento por engano. Levantando-me com a intenção de fazer-lhe ver o equívoco, compreendi imediatamente, para espanto meu, que o intruso não era senão o meu próprio reflexo no espelho da porta aberta. Recordo-me ainda que antipatizei totalmente com a sua aparência. (FREUD, [1919] 1976, p. 309)

Estranhamento, susto, antipatia e depois o encontro com algo familiar. Esse encontro pode provocar tanto o júbilo e o riso quanto a estranheza e a inquietação, depende de quais "traços" estão presentes nesse encontro. Antipatizar-se com a imagem, nessa experiência de Freud, indica um encontro com algo que não se queria ver, não se esperava ver e, de repente, surge sem pedir licença.

Não é apanágio da velhice o encontro com o estranho e, ao mesmo tempo, familiar. A conjunção entre familiar e estranho indica que algum traço surge sem aviso prévio, escancarando um ponto difícil de se ver, mas impossível de se apagar.

O estranho familiar é também caro a Jorge Luis Borges. Em seu conto "O outro" narra uma experiência imaginária que se passa em um banco de praça pública, na qual ele, aos 70 anos, encontra-se com seu duplo bem mais jovem. Se o mais velho não encontra dificuldades em se reconhecer no espelho jovem, o mesmo não ocorre com este que, apesar das evidências, não consegue encontrar uma ponte entre sua imagem atual e aquela envelhecida.

> – Meu sonho já durou 70 anos. Afinal de contas ao rememorar, não há pessoa que não se encontre consigo mesma. É o que nos está acontecendo agora, só que somos dois. Não queres saber alguma coisa de meu passado, que é o futuro que te espera? (BORGES, 1999, p. 19)

Na sequência da experiência, entre o conflito, o desconforto e a inquietude do duplo, acenando para um futuro o qual cada um só pressupõe no outro, conclui:

> Meio século não se passa em vão. Sob nossa conversação de pessoas de leitura miscelânea e de gostos diversos, compreendi que não podíamos nos entender. Éramos demasiadamente diferentes e demasiado parecidos. Não podíamos nos enganar, o que torna o diálogo difícil. Cada um de nós dois era o arremedo caricaturesco do outro. [...] Aconselhar ou discutir era inútil, porque seu inevitável destino era ser o que sou. (BORGES, 1999, p. 23)

Mesmo sendo a velhice um destino inevitável, ela é apreendida mais facilmente no outro, talvez como um espelho que se queira evitar ou um capítulo da história a ser adiado indefinidamente. E assim conclui Borges essa experiência do duplo: "Creio ter descoberto a chave. O encontro foi real, mas o outro conversou comigo em um sonho e foi assim que pude me esquecer. Eu conversei com ele na vigília e a lembrança ainda me atormenta" (BORGES, 1999, p. 24).

No belíssimo conto de Guimarães Rosa "O espelho", encontramos uma experiência similar àquela descrita por Freud e Borges, mas desta feita com um jovem. Aqui o estranho familiar toca o que nomearíamos de desmontagem dos espelhos. Se efetuarmos uma operação de desmontar todos nossos espelhos pelos quais nos constituímos, o que restaria? Para responder a essa questão, vejamos esse conto de Rosa.

Desmontagem dos espelhos

Trata-se nesse conto de uma experiência pela qual o sujeito busca desmontar os espelhos de si mesmo, como se desmontam os mecanismos de um objeto para verificar sua estrutura interna. Nomeamos essa experiência "desmontagem dos espelhos" para afirmar o caráter surrealista dessa "montagem" à qual cada um se identifica e sem a qual não teríamos um "eu".

> [...] narro-lhes; não uma aventura, mas a experiência, a que me induziram, alternadamente, séries de raciocínios e intuições. Tomou-me tempo, desânimos, esforços..[...] O senhor, por exemplo, que sabe e estuda, suponho nem tenha idéia do que seja a verdade um espelho? Demais, decerto das noções da Física, com que se familiarizou, as leis da óptica. Reporto-me ao transcendente. Tudo, aliás, é a ponta de um mistério. Inclusive, os fatos. (Rosa, 1972, p. 61)

Nota-se que Guimarães Rosa situa essa experiência tanto diversa da ventura (brincadeira ou diversão) quanto daquilo que o saber científico em geral concebe como experiência. Trata-se aqui de uma experiência pessoal e íntima, onde habitam o inesperado e o inapreensível.

Adentrando o mais cotidiano que permeia nossa vida, o narrador vasculha os bons e maus encontros com os espelhos, o visível e o invisível, aquilo que se perde, escapa, desencontro entre o que se olha e que se vê.

> O espelho, são muitos, captando-lhe as feições; todos refletem-lhe o rosto [...] Há-os "bons e maus", os que favorecem e os que detraem; e os que são apenas honestos, pois não. E onde situar o nível e ponto dessa honestidade ou fidedignidade? Como é que o senhor, eu, os restantes próximos, somos, no visível? O senhor dirá: as fotografias o comprovam. [...] Ainda que tirados de imediato, um após outro, os retratos sempre serão entre si muito diferentes. E as máscaras, moldadas nos rostos? [...] Não se esqueça, é de fenômenos sutis que estamos tratando. (Rosa, 1972, p. 62)

Como definir se um espelho é bom, mau ou apenas honesto? Ao nos trazer esse campo de contradições, Rosa escancara a dificuldade de se extrair dos espelhos uma experiência exata. Desta não há garantias e certeza. Todavia, ela é real, está ali, não se pode negá-la ou apagá-la. Acompanhada pela "viciação do olhar", busca-se, nesse encontro, a repetição de uma imagem conhecida ou familiar. Não é dessa forma que procuramos os espelhos para nos olhar? Imaginem também se tivéssemos de reconstruir a cada manhã uma imagem de nós mesmos?!

> O tempo é o mágico de todas as traições... E os próprios olhos, de cada um de nós, padecem viciação de origem, defeitos com que cresceram e a que se

> afizeram, mais e mais. [...] Os olhos, por enquanto, são a porta do engano; duvide deles, dos seus, não de mim [...]. (Rosa, 1972, p. 63)

São tantas as formas de deformação quantas são as formas de espelho. Assim somos surpreendidos pelos mais bizarros e, ao mesmo tempo, cotidianos espelhos. Aqueles dos parques de diversão que deformam os corpos, tornando-os longilíneos ou excessivamente gordos ao ponto em que nenhuma pega com o real é possível. Há o espelho oferecido por uma colher côncava, aquele esboçado em um bule, nas águas, os espelhos das altas horas no meio da solitude da noite... Se são tantos os espelhos a nos surpreender não há como não concordar: "são para se ter medo, os espelhos". Mas que visão tão terrível se oculta e se expõe através dos espelhos? Por essa via o narrador nos leva à sua experiência do estranho familiar.

> Foi num lavatório de edifício público, por acaso. Eu era moço, comigo contente, vaidoso. Descuidado, avistei... Explico-lhe: dois espelhos – um de parede, o outro de porta lateral, aberta em ângulo propício – faziam jogo. E o que enxerguei, por instante, foi uma figura, perfil humano, desagradável ao derradeiro grau, repulsivo senão hediondo. Deu-me náusea, aquele homem, causava-me ódio e susto, eriçamento, espavor. E era – logo descobri –, era eu, mesmo! O senhor acha que eu algum dia ia esquecer essa revelação? (ROSA, 1972, p. 64)

O que se revela nesse encontro? Por que de repente o "vício do olhar" falha e aquilo que deveria permanecer oculto surge de forma cruel? Como o familiar se torna estranho? Foram questões também colocadas por Freud ao se deparar com o estranho familiar de sua própria imagem. Essa experiência traz para cada um algo de muito particular e indica o que não se quer ver.

No mais íntimo do familiar pode surgir horror, nojo, rejeição ou a petrificação. Isso traz a lembrança de Narciso: viveria se não se visse. O que não se deve ver? Narciso, embevecido pela própria beleza, "toma por corpo o que não passa de uma sombra" (OVÍDIO, 1983, p. 59) e nela se afoga.

A primeira tentativa de controlar o encontro com espelhos é buscar ali a confirmação do já visto, conduzindo ou controlando a entrada em cena. Mas o cenário pode surpreender, exibindo traços que o sujeito não esperava encontrar. É exatamente nesse ponto da narrativa, esforçando-se para encontrar uma forma de extinguir o inesperado da imagem a ser refletida no espelho, que o protagonista tem duas estratégias. A primeira é de preparar todos os encontros com os espelhos, antecipando o olhar à imagem a ser refletida. A segunda estratégia é "desmontá-los"; retirar deles todos os pontos pelos quais a imagem foi constituída a tal ponto em que só restaria uma imagem real de si mesmo: sem erros, sem viciação do olhar, sem traços que não fossem os genuinamente seus. Não obstante, como distinguir os traços "genuinamente" nossos daqueles herdados?

> Operava com toda a sorte de astúcias: o rapidíssimo relance, os golpes de esguelha, a longa obliqüidade apurada, as contra-surpresas, a finta de pálpebras, a tocaia com a luz de repente acesa, os ângulos variados incessantemente. [...] Mirava-me, também, em marcados momentos de ira, medo, orgulho abatido ou dilatado, extrema alegria ou tristeza. [...] Se, por exemplo, em estado de ódio, o senhor enfrenta objetivamente a sua imagem, o ódio reflui e recrudesce, em tremendas multiplicações: e o senhor vê, então, que, de fato, só se odeia é a si mesmo. Olhos contra os olhos. Soube-o: os olhos da gente não têm fim. Só eles paravam imutáveis, no centro do segredo. Se é que de mim não zombassem, para lá de uma máscara. Porque, o resto, o rosto, mudava permanentemente. O senhor, como os demais, não vê que seu rosto é apenas um movimento deceptivo, constante. (Rosa, 1972, p. 65)

Nesse estranho processo de redução a um eu que não enganasse, o protagonista busca agora extrair e apagar todos os traços do Outro, até aqueles mais arcaicos ou advindos da espécie animal.

> Meu sósia inferior na escala era, porém – a onça. Confirmei-me disso. E, então, eu teria que, após dissociá-los meticulosamente, aprender a não ver, no espelho, os traços que em mim recordavam o grande felino. Atirei-me a tanto. [...] Pouco a pouco, no campo-de-vista do espelho, minha figura reproduzia-se-me lacunar, com atenuadas, quase apagadas de todo, aquelas partes excrescentes. Prossegui. Já aí, porém, decidindo-me a tratar simultaneamente as outras componentes, contingentes e ilusivas. Assim, o elemento hereditário – as parecenças com os pais e avós – que são também, nos nossos rostos, um lastro evolutivo residual. Ah, meu amigo, nem no ovo o pinto está intacto. (Rosa, 1972, p. 66)

Na desmontagem dos espelhos não escapariam os contágios das paixões, as pressões psicológicas, as sugestões e os interesses transitórios. Depois de algum tempo nessa empreitada, começa a sentir dores na cabeça e afasta-se por alguns meses do espelho. E não é outro o desfecho. Pelo descuido ou esquecimento, um dia se olha novamente no espelho e o que encontra?

> Simplesmente lhe digo que me olhei num espelho e não me vi. Não vi nada. Só o campo, liso, às vácuas, aberto como o sol [...]. Eu não tinha formas, rosto? Apalpei-me, em muito. Mas, o invisto. O ficto. O sem evidência física. [...] Tirei-me. Aturdi-me, a ponto de me deixar cair numa poltrona [...] partindo para uma figura gradualmente simplificada, despojara-me, ao termo, até a total desfiguração [...]. Então, o que se me fingia de um suposto eu, não era mais que, sobre a persistência do animal, um pouco de herança, de soltos

instintos, energia passional estranha, um entrecruzar-se de influências, e tudo o mais que na impermanência se indefine? (Rosa, 1972, p. 67)

Com esse desfecho surpreendente, Rosa expõe com acuidade isto que a psicanálise se esforça por detalhar: apesar do engodo das imagens refletidas nos espelhos, apesar da miopia e da "viciação" intrínsecas ao olhar, o genuíno de cada eu está entranhado nas heranças, identificação com os outros e nos pequenos pontos pelos quais cada sujeito conduz sua diferença. Os espelhos enganam, mentem, mas não somos sem essa cota de mentira e engodo, mesmo que isso cause por vezes horror, enfastio e estranheza.

Essa experiência relatada por Guimarães Rosa, tentativa de se livrar de todos os traços do Outro, parece ter, à primeira vista, uma estrutura inversa daquela descrita por Lacan como Estádio do espelho, na qual o papel do Outro é de oferecer uma organização diante da desfragmentação corporal. Nesse conto vai-se pelo avesso, mas ambos se encontram. O que de início funcionou como antecipação de um eu, pode no curso da vida ter efeitos opostos e ser o ponto no qual o sujeito encontra sua desfragmentação, desorganização e estranheza diante de sua imagem. Isso é importante para pensarmos o encontro com a imagem envelhecida.

Rosa é perspicaz o bastante para indicar que não há como extrair esse engodo de nossa constituição. Sem as identificações não há um eu, mesmo com seus desacordos e contradições. No final do conto temos então a questão: "Você chegou a existir?" (Rosa, 1972, p. 69).

Ao contrário do personagem desse conto, com a vã tentativa de unificar o eu, tornando-o totalmente homogêneo, isento de qualquer divisão e os traços herdados, Fernando Pessoa tratou essa dificuldade, diluindo seu eu em seus vários heterônomos: Alberto Caeiro, Ricardo Reis, Álvaro Campos, Bernardo Soares... Todavia, para além das diferentes escritas desses heterônimos, persevera o traço que o faz Pessoa (2006, p. 518):

> Como escrevo em nomes destes três? Caeiro, por pura e inesperada inspiração, sem saber ou sequer calcular o que iria escrever. Ricardo Reis, depois de uma deliberação abstrata, que subitamente se concretiza numa ode. Campos, quando sinto um súbito impulso para escrever e não sei o quê.

O eu constitui-se pela incorporação e pela identificação de pequenos traços, estes, ao serem incorporados, perdem o selo de autenticidade, pois se identificar não é tornar-se idêntico ao Outro. Isso implica que os outros de nossa constituição são sempre singulares, pois a leitura e as formas de assimilar seus traços também o são. Basta vermos irmãos de uma mesma família, mesmo com semelhanças, cada um preserva a mais genuína diferença.

Há que suportar então que entre o sujeito e sua representação persista sempre um espaço: "[...] o que somos de mais doloroso é o que não somos realmente, e as nossas tragédias passam-se na nossa ideia de nós" (PESSOA, 2006, p. 342).

Espelho e identificação

> O que é um espelho? Não existe a palavra espelho, só espelhos, pois um único é uma infinidade de espelhos. [...] Quem olha um espelho conseguindo ao mesmo tempo isenção de si mesmo, quem consegue vê-lo sem se ver, quem entende que a sua profundidade é ele ser vazio, quem caminha para dentro de seu espaço transparente sem deixar nele o vestígio da própria imagem-então percebeu seu mistério. (LISPECTOR, 1999, p. 12-13)

Isenção nada fácil, pois não somos sem os espelhos. Suportar seu vazio, saber que as imagens mudam não é sempre um ato simples.

Os espelhos sempre estiveram presentes nas diversas formas de expressão humana: mitos, lendas, contos de fadas, literatura, cinema e outras expressões artísticas. Habitando de forma incisiva o imaginário popular, eles postam-se como enigma que, podendo trazer a verdade de forma cruel e desumana, porta também a mentira.

Mentira e verdade, dois campos que se cruzam, pois toda mentira tem um correlato na fantasia, onde habita a verdade de cada um. Isso pode ser visto em termos lógicos: "falei uma mentira", então disse a verdade. É comum uma criança mentir sobre várias coisas, mas na realidade essas "mentiras" são verdades inscritas em sua imaginação ou sua fantasia. Dessa forma não existe, em se tratando da fantasia, uma mentira que não porte uma verdade e vice-versa. Nisto os espelhos são os testemunhos mais fiéis: é impossível dizer toda a verdade.

Por outro lado, Lacan afirma que é impossível mentir, pois a mentira caminha sempre em direção à verdade. Na mentira e na verdade estão em jogo diferentes olhares sobre o que se vê. Isso para nos lembrar que o eu é uma verdade que tange a ficção. Assim, diante da pergunta: "qual seu verdadeiro eu?", qualquer um sentiria dificuldades em responder. Como nomear o verdadeiro eu, sem equívocos, se ele se constituiu a partir de outros? O que é verdadeiro ou falso nesse eu?

Se os espelhos ocuparam sempre um lugar de destaque, é porque eles inquietam. Enigma ou oráculo tocam sempre algo da verdade, mesmo distorcendo-a. Situação paradoxal que faz rememorar a repetição sem êxito da rainha de Branca de Neve em sua insistente pergunta diante do espelho. De um lado está a "Branca de Neve" com um nome que lhe é próprio – mesmo que seja uma junção da brancura e de algo prestes a desaparecer sob o calor do sol –, de outro a rainha sem um nome.

Sabemos que a nomeação introduz a diferença, humaniza, daí a importância dos nomes e sobrenomes. A partir de um nome não se é qualquer um. A rainha, sem nome, se fixa no espelho como garantia daquilo que não se garante: a perpetuação de sua imagem como beleza. Ela pede ao outro de si mesma, o espelho, a confirmação de sua verdade. Dificilmente alguém se lembra da imagem da rainha, mas ninguém se esquece da frase: "espelho, espelho meu, existe no mundo alguém mais bela do que eu?".

Essa frase ressoa, pois toca a verdade, o engodo e os perigos do espelho. Um espelho que diga apenas a verdade seria um espelho desumano. Nisto os poetas têm razão: "Cuidado! A nossa própria alma apanha-nos em flagrante nos espelhos que olhamos sem querer" (QUINTANA, 1994, p. 5). Não se pode, entretanto, esquecer que ao penetrar no mistério do espelho "a mais tênue agulha diante dele poderia transformá-lo em simples imagem de uma agulha" (LISPECTOR, 1999, p. 12-13).

Constituímo-nos por espelhos que oferecem uma imagem ao nosso corpo, dando-lhe uma forma, cobertura e certa coesão pela qual nos reconhecemos. Esses traços prematuramente herdados e imagens incorporadas que revestem o corpo, a psicanálise nomeia "narcisismo". É impossível viver sem uma cota de narcisismo. "Através do outro, e em face do outro, sob seu olhar, *um ser sendo* forja a sua identidade" (LLANSOL, 1990, p. 5).

A literatura é rica em escritas que desdobram as muitas faces dos espelhos dos quais somos todos herdeiros. Vimos o espelho de Guimarães e neste ponto destacamos "O espelho" de Machado de Assis (1994, v. 11), que toca diretamente as identificações e a função do espelho como suporte narcísico.

O conto inicia-se por um diálogo entre quatro homens de meia idade sobre questões metafísicas. A entrada de um quinto que, a princípio, apenas ouvia, introduz um corte ao debate, inaugurando um discurso perspicaz sobre a alma que desembocará na questão do espelho.

> Cada criatura humana traz duas almas consigo: uma que olha de dentro para fora, outra que olha de fora para entro... Espantem-se à vontade, podem ficar de boca aberta, dar de ombros, tudo; não admito réplica. Se me replicarem, acabo o charuto e vou dormir. A alma exterior pode ser um espírito, um fluido, um homem, muitos homens, um objeto, uma operação. Há casos, por exemplo, em que um simples botão de camisa

> é a alma exterior de uma pessoa; – e assim também a polca, o voltarete, um livro, uma máquina, um par de botas, uma cavatina, um tambor, etc. Está claro que o ofício dessa segunda alma é transmitir a vida, como a primeira; as duas completam o homem, que é, metafisicamente falando, uma laranja. Quem perde uma das metades, perde naturalmente metade da existência; e casos há, não raros, em que a perda da alma exterior implica a da existência inteira. (Assis, s.d., p. 81)

Dentro e fora, interno e externo enlaçam-se preparando uma concepção original de espelho. Como as almas, os espelhos não permitem distinguir o exterior e o interior. O que é interior em um momento em outro pode ser concebido como vindo de fora e vice-versa. A alma externa, esse olhar do Outro, constitui-se de pequenos traços com os quais nos reconhecemos, identificamos e tomamos como nossos. Uma alma não existe sem a outra; dentro e fora são como uma fita na qual o interior torna-se também exterior. Tais traços, pequenas identificações, são reeditados durante a vida com novas versões, mas não desaparecem.

> Há cavalheiros, por exemplo, cuja alma exterior, nos primeiros anos, foi um chocalho ou um cavalinho de pau, e mais tarde uma provedoria de irmandade, suponhamos. Pela minha parte, conheço uma senhora, – na verdade, gentilíssima, – que muda de alma exterior cinco, seis vezes por ano. (Assis, s.d., p. 81)

A multiplicidade ou plasticidade com as quais a alma exterior se compõe não implica poder abdicar-se do espelho e, muito menos, anular os elos possíveis entre o interior e o exterior. Para demonstrar tais assertivas o protagonista relata uma história. Reconto-a.

Um jovem de 25 anos, pobre, fora nomeado alferes da Guarda Nacional. A partir daí, cai o nome, que é sempre próprio, passando a ser nomeado, até pelos familiares, de "senhor alferes". Com essa nova inscrição, outro traço da "alma externa", marcada também pelo uso da farda, é convidado por uma tia a passar alguns dias em seu sítio, com a recomendação de que não se esquecesse da farda. Da tia aos escravos mantinha-se persistentemente a nomeação de "alferes". "Eu pedia-lhe que me chamasse Joãozinho, como dantes; e ela abanava a cabeça, bradando que não, que era o 'senhor alferes'".

Junto da nomeação outras regalias validavam o reconhecimento: o melhor lugar à mesa e um quarto ornamentado com um suntuoso espelho que, destoando do tom simples de todo resto da casa não deixava dúvidas: "o senhor alferes merecia muito mais". A nomeação dá existência ao que foi nomeado. De "Joãozinho" ao "senhor alferes" a imagem se fez corpo com toda consistência, engodo e verdade característicos de qualquer imagem, deixando sob suspenso o sujeito, Joãozinho, que habita sempre aquém e além da imagem.

> O alferes eliminou o homem. Durante alguns dias as duas naturezas equilibraram-se; mas não tardou que a primitiva cedesse à outra; ficou-me uma parte mínima de humanidade. Aconteceu então que a alma exterior, que era dantes o sol, o ar, o campo, os olhos das moças, mudou de natureza, e passou a ser a cortesia e os rapapés da casa, tudo o que me falava do posto, nada do que me falava do homem. A única parte do cidadão que ficou comigo foi aquela que entendia com o exercício da patente; a outra dispersou-se no ar e no passado. (Assis, s.d., p. 82)

Mesmo consistente o espelho porta um engano, e nada subsiste para sempre. Foi assim que rapidamente um furo veio ali se instalar. Depois de algumas semanas a tia é obrigada a ausentar-se do sítio para atender uma filha doente, e o alferes se vê só com alguns escravos.

> Confesso-lhes que desde logo senti uma grande opressão, alguma coisa semelhante ao efeito de quatro paredes de um cárcere, subitamente levantadas em torno de mim. Era a alma exterior que se reduzia; estava agora limitada a alguns espíritos boçais. (Assis, s.d., p. 82-83)

Ser reconhecido por "espíritos boçais", que não lhe traziam nenhum traço da distinção anterior a que ele se acostumara, não era ser verdadeiramente reconhecido. Como na dialética hegeliana "Senhor e escravo", se há um senhor, ele só o é sob a forma de um engodo, pois só é reconhecido e nomeado por alguém que ele próprio não considera importante, o escravo. Para o protagonista em questão, ser reconhecido por alguém que ele próprio não reconhecia trazia-lhe ainda certo acalento à imagem que escorregava. Pior foi a experiência que se seguiu. Não tardou muito todos os escravos fugiram da fazenda deixando-o na mais completa solidão. "Achei-me só, sem mais ninguém, entre quatro paredes, diante do terreiro deserto e da roça abandonada [...]. Nenhum ente humano. Parece-lhes que isto era melhor do que ter morrido? era pior" (Assis, s.d., p. 83).

Contra o despertar de cada dia escancarando uma cena insuportável, ele busca no sono, sonho, algo que apazigúe sua inquietação e traga de volta algum ponto de sua identidade ameaçada.

> [...] o sono, eliminando a necessidade de uma alma exterior, deixava atuar a alma interior. Nos sonhos, fardava-me orgulhosamente, no meio da família e dos amigos, que me elogiavam o garbo, que me chamavam alferes; vinha um amigo de nossa casa, e prometia-me o posto de tenente, outro o de capitão ou

> major; e tudo isso fazia-me viver. Mas quando acordava, dia claro, esvaía-se com o sono a consciência do meu ser novo e único – porque a alma interior perdia a ação exclusiva, e ficava dependente da outra, que teimava em não tornar. (Assis, s.d., p. 83-84)

A imagem que se imaginava tão consistente se esgarçava. Após oito dias de total solidão, alferes, Joãozinho, busca no espelho uma imagem integrada de si no encontro das duas almas.

> Olhei e recuei. O próprio vidro parecia conjurado com o resto do universo; não me estampou a figura nítida e inteira, mas vaga, esfumada, difusa, sombra de sombra. A realidade das leis físicas não permite negar que o espelho reproduziu-me textualmente, com os mesmos contornos e feições; assim devia ter sido. Mas tal não foi a minha sensação. Então tive medo; atribuí o fenômeno à excitação nervosa em que andava; receei ficar mais tempo, e enlouquecer. (Assis, s.d., p. 84)

Lembrou-se então, sob um estado de total desespero, de vestir as fardas, traço efetivo da alma exterior.

> Vesti-a, aprontei-me de todo; e, como estava defronte do espelho, levantei os olhos, e... não lhes digo nada; o vidro reproduziu então a figura integral; nenhuma linha de menos, nenhum contorno diverso; era eu mesmo, o alferes, que achava, enfim, a alma exterior. Essa alma ausente com a dona do sítio, dispersa e fugida com os escravos, ei-la recolhida no espelho. [...] Cada dia, a uma certa hora, vestia-me de alferes, e sentava-me diante do espelho, lendo olhando, meditando; no fim de duas, três horas, despia-me outra vez. Com este regime pude atravessar mais seis dias de solidão sem os sentir. (Assis, s.d., p. 84-85)

Como "alferes" cada um veste sua "farda". Se o despertar carrega uma inquietante estranheza recompõe-se a imagem buscando algum traço no qual se reconhecer. Muitas vezes vale-se da maquiagem (do francês, *maquillâge*, maquiar a idade) para apaziguar os furos da imagem. Todavia, as vestimentas, as maquiagens ou as "fardas" não recobrem tudo, não apagam o insondável de nossa inserção no mundo dos espelhos, no mundo das identificações e dos reconhecimentos.

Não há como se igualar à imagem. Pode-se vesti-la, mas é preciso saber despi-la e, "nu", encontrar outras vestimentas para o desejo. Entretanto, ninguém permanece completamente "nu" da roupagem dos espelhos. Se o reencontro com a imagem, farda-espelho, permitiu ao sr. alferes recompor algo de Joãozinho, destinos diferentes tiveram Dorian Gray, que comentaremos a seguir, e a rainha de Branca de Neve. De toda forma há que saber compor com as "almas externa e interna".

Na Psicanálise temos duas instâncias que tratam essa relação do sujeito com o espelho e as identificações que podem ser comparadas ao que Machado de Assis nomeou de alma interna e externa: o eu ideal e o ideal do eu. O eu ideal é a primeira identificação com a imagem, oferecendo à dispersão corporal inicial certa coesão e organização. "O que ele (sujeito) projeta diante de si como sendo seu ideal é o substituto do narcisismo perdido de sua infância na qual ele era o seu próprio ideal" (Freud [1914], 1976, p. 191).

Mais tarde esse eu ideal, primeira forma do narcisismo, "roupagem" que reveste nosso corpo dando-lhe uma imagem, encontra uma segunda identificação pelo ideal do eu. O sujeito cede parte de suas exigências para estar em consonância com o Outro, receber seu amor e ser reconhecido. O ideal do eu enlaça-se intimamente com a cultura como ideais a serem cumpridos ou futuros a serem alcançados. Todavia, isso que é introjetado do Outro torna-se parte do próprio sujeito, mesmo conservando sempre uma relação com o externo. Quais as conclusões a serem retiradas dessas relações íntimas e necessárias entre interno e externo?

Todas as vezes que o sujeito se vê na vida de adulto em situações nas quais o narcisismo é muito ferido, seja porque o corpo sofreu inúmeras modificações sem um luto necessário, seja por perdas que tocam diretamente a imagem de si, a tendência é de regredir a um estado anterior, buscando no eu ideal a consistência da imagem corporal esgarçada.

Se o sujeito sofre agressões, hostilidades e frustrações nos laços sociais, porque o eu não pode conduzi-las ou porque o ideal do eu se tornou muito severo, impera um conflito entre o eu e o ideal do eu a ser realizado, provocando estados depressivos. Dessa forma, como salienta Lacan (1999, p. 301):

> Sejam quais forem as modificações que intervêm em seu ambiente e seu meio, o que é adquirido como ideal do eu permanece, no sujeito, exatamente como a pátria que o exilado carregaria na sola dos sapatos – seu ideal do eu lhe pertence, é para ele algo de adquirido.

Tudo isso nos indica a importância das "duas almas" no enlaçamento que cada um faz com a vida e a importância do corpo social como via para os ideais a serem realizados.

Pode-se entender a partir dessas reflexões que não existe velhice fora do tempo, pois os ideais que prevalecem em cada contexto histórico abrirão ou não caminhos para que também na velhice os ideais do eu encontrem possibilidades de se inscreverem socialmente. Retornaremos a essa discussão ao abordarmos a aposentadoria.

Espelho, espelho meu...

O retrato de Dorian Gray (WILDE, 1972) constitui-se uma obra de ficção que retrata com originalidade os efeitos sobre o sujeito da fixação pelo ideal de juventude eterna, comprovando como uma imagem que não se modifica, sustentada por um delírio de imutabilidade, iguala-se à própria morte. O protagonista, Dorian Gray, transformando seu retrato em um duplo homólogo de si, pintura quase perfeita de sua exuberante beleza aos 20 anos, implora ao retrato que suporte o peso de seus dias para que ele conserve para sempre o esplendor da juventude eterna. O tempo passava, mas as marcas do envelhecimento e de tudo o que Dorian não amava em si eram todas transferidas para o quadro.

Com o passar dos anos, sob o olhar admirado de todos, ele exibia sempre a mesma beleza, impassível e inalterada. Projetando no retrato, seu espelho fixo e imutável, todas as marcas da passagem do tempo, a velhice não chegava para Dorian. Dominado pela loucura de permanência, assassina o artista que havia pintado a obra, testemunha viva daquilo que se passava entre ele, sua imagem e o retrato.

Paralisando o tempo, contudo, Dorian se paralisava. Com o passar dos anos, outra realidade se impunha mostrando suas garras. Uma vida privada do movimento do tempo exibe o horror da imutabilidade com todos seus espectros, inclusive aqueles do remorso e da culpa pelo assassinato do pintor. Dorian começa a odiar sua permanência, sua beleza, sua máscara, seu disfarce. Entrando no "aposento fechado" onde depositara o retrato abandonado há muitos anos, anseia destruí-lo como forma de redimir-se e purificar-se do crime cometido.

"Da mesma forma que matara o pintor, mataria agora sua obra e tudo o que ela significava. Mataria o passado e tornar-se-ia livre. Mataria aquela monstruosa alma invisível e, sem aquelas suas hediondas advertências, recuperaria o sossego. Apanhou a faca e enterrou-a no retrato (WILDE, 1972, p. 269).

Ao matar seu retrato é Dorian quem morre. Em um canto da sala a pintura exibia toda pujança e vigor a que todos se acostumaram a vê-lo e, "estendido no solo, encontrava-se um homem morto, em traje de cerimônia, com uma faca cravada no coração. Era um velho, cheio de rugas e seu sorriso inspirava repugnância" (WILDE, 1972, p. 270).

Entre o fictício e o real, todo espelho é de alguma forma traiçoeiro, jamais nos reenvia uma imagem factual, pois nele estão nosso olhar e o olhar dos outros inscritos de forma quase invisível. Entretanto, apesar do engodo, ali habita uma verdade. Não há como apagar as marcas de nossa constituição, que se estendem também na imagem que construímos de nós mesmos. Mas a imagem porta um furo, e há que suportar sua falha para não ser subsumido inteiramente por aquilo que ela representa. A imagem nos representa, mas não nos reduzimos a ela.

Um espelho que dissesse toda a verdade não seria um espelho humano. Há que se perguntar todos os dias, incansavelmente, como o faz a madrasta da Branca de Neve, para se tentar controlar o que não se controla. Destruir o engodo e a verdade do espelho é destruir a própria constituição a que cada um está fadado enquanto um eu. Sem a distância entre a imagem e sua representação, os espelhos não se sustentam, se quebram, expondo a mais desumana realidade.

Vestimentas, maquiagens, retratos, autorretratos ou fardas não recobrem tudo. A imagem é sempre fugidia, e com essa fugacidade temos de nos movimentar. Pelo menos Joãozinho pode, ao contrário do destino de Dorian Gray e da madrasta da Branca de Neve, suportar o intervalo entre aquilo que o representa, a farda e suas insígnias, e ele próprio.

É preciso suportar o vazio da imagem, o vazio dos espelhos para que o texto da vida siga em rumos também contingentes. É preciso saber escrever com as diferentes imagens e quadros que nos acompanham desde que nascemos. Cada um carrega um vazio que não se preenche, mas pode-se bordejá-lo cravando escritas ao seu redor.

Há um poema de Nuno Júdice (2003, p. 41), poeta português, nomeado providencialmente "Didática" que traduz também esta ideia.

> O quadro está vazio. Começo a enchê-lo com as palavras que sobram do próprio vazio. São palavras brancas sobre o negro do quadro. Digo-as, e quando as digo apago-as, para que outras apareçam sobre o vazio que elas deixam. A lógica do quadro é esta: fazer com que o apagador tenha uma função, para que o giz se gaste. Vi o giz suceder ao giz à medida que as palavras sucediam às palavras, enquanto um pó de sílabas se acumulava no chão dos dicionários. Varri-o com a vassoura da tarde. Vi as sílabas voarem numa alucinação de insetos. Matei-as, uma a uma, de encontro ao vidro; e à medida que caíam, voltavam a juntar-se, em novas palavras, que eu metia no quadro vazio até o negro do quadro ficar branco de palavras.

Um quadro, uma escrita sempre a concluir, uma imagem e um corpo que se modificam. Como a escrita, retiram-se algumas partes, recomeça-se de outro ponto, preservando as letras fundamentais. As letras, os traços adquiridos tecem o eu e persistem tomando outras formas.

Assim é a velhice: depósito contínuo de letras no negro do quadro, sempre disposto a receber palavras sem poder jamais preencher todo o vazio. É o vazio, isso por escrever, resto inassimilável e não dizível intrínseco aos espelhos e à imagem que inaugura o novo. Chamemos isso de desejo, pela sua contextura de falta, vazio, resto inassimilável, não importa! É disso que se compõem também nossos autorretratos.

A aposentadoria e seus destinos

Espelhos, nomeações advindas do Outro, constituição do eu, identificações, ideais a serem realizados e reconhecimento, tudo isso nos reenvia à questão da aposentadoria. Se ela é o destino daqueles que se inserem dentro das leis trabalhistas, quais os destinos possíveis desse momento tão marcante?

"Destino" é uma palavra que se presta a muitos sentidos, até mesmo opostos. No senso comum é empregado normalmente como fatalidade, algo determinado pela providência ou pelas leis naturais. Todavia, na língua portuguesa, pode ser um acontecimento (bom ou mau), não sendo necessariamente uma fatalidade. Encontramos ainda outras conotações como fortuna, sorte, fado, o que há de vir, objetivo ou fim para o qual se reserva algo, posição de combate, estar com saúde e prosperar.

Como abordado em outra publicação (MUCIDA, 2006), encontramos na obra de Freud também um duplo sentido para o conceito de destino: inelutável, ao qual estamos submetidos, caminho determinado que se repete no curso de cada história, e algo em que o sujeito está inserido e, portanto, pelo qual é também responsável. A concepção de destino como uma "armação do neurótico"[2], indica uma implicação do sujeito em sua tessitura. Lamentar-se dele e daquilo que se repete na escrita da história como se fosse simplesmente uma má sorte é ausentar-se da responsabilidade subjetiva em sua construção e sua condução.

Se há um destino que nos escapa, nos escapando, impõe-se diante de nossa vida exigindo uma saída. O inelutável, por se impor e não poder ser apagado, exige uma condução ou direção que podem criar diferentes destinos.

A aposentadoria é o destino inevitável daqueles que se inscrevem em determinada forma de trabalho social, mas seus destinos não se igualam. Ela não se apresenta da mesma maneira e com os mesmos efeitos para todos. O paradoxal é que mesmo sendo um destino previsto, não é totalmente assimilado.

---

[2] Conforme indicado por Freud em *Além do princípio do prazer* (1920).

Constituindo-se em um corte e uma mudança significativa na relação de cada um com o campo social, provoca também efeitos significativos sobre aqueles que se "aposentam".

Quando inserido em algum trabalho formal, o sujeito é confrontado com diversas situações e laços que o convocam a atualizar-se de diferentes maneiras, a manter laços sociais e a lutar para sair-se bem e ser reconhecido na atividade exercida. Tudo isso cria movimentos importantes, que tocam a atividade intelectual, corporal e social pelas quais cada um é confrontado com seus traços e é obrigado a responder inúmeras exigências sociais. Ao se aposentar, o sujeito deve encontrar por si mesmo, sem a obrigação de antes, caminhos que o instiguem a criar novas respostas diante da realidade.

O inesperado e a surpresa podem acompanhar essa mudança de *status* social, mesmo com algumas práticas preparatórias e apesar delas. Não é por estar prevista por lei e tantas vezes almejada que a aposentadoria não tenha consequências. O sujeito sofre os efeitos dessa mudança de localização social, dada a importância e a forma de inserção do trabalho em sua vida.

A aposentadoria pode representar uma perda considerável em vários níveis, provocando a formação de alguns sintomas, como estados depressivos e sentimentos de menos valia, mas pode-se constituir um momento de abertura a novos investimentos na vida. De toda forma, não deixa de ser um momento complexo, pois aí se conjugam a perda de determinada função social, mudanças no poder aquisitivo e nas formas de viver com efeitos sobre os laços sociais, as identificações e os ideais. Vejamos alguns desses pontos.

O sujeito jamais se aposenta

Desde muito cedo somos preparados para exercer alguma atividade profissional. Muito precocemente a criança depara-se com a questão: "O que você vai ser quando crescer?". Ser "alguma coisa" implica de imediato estar inscrito em algum trabalho. Essa marca traz consequências; são marcas do Outro social que nos convoca a uma inserção e uma escolha, antes mesmo de podermos nomear nosso desejo. É frequente as crianças oferecerem respostas estranhas a tal questão, sem se importarem com a valorização ou a desvalorização de algumas profissões e até mesmo buscando atenderem a alguma expectativa dos pais.

Longe de ser fácil, a escolha impõe-se, sobretudo hoje, como crucial e marcada pela necessidade de reconhecimento e boa remuneração que permitam uma vida mais confortável. Aí começam algumas complicações importantes na relação do sujeito com o trabalho. Ser remunerado, estar inserido socialmente e ser reconhecido a partir da função não implicam que nesse lugar o sujeito se reconheça, sinta-se feliz e confortável. De toda forma, passa-se a maior parte da vida exercendo um trabalho, amando-o ou não, e no qual se acha localizado socialmente.

Quais os efeitos da passagem do "serei isto ou aquilo", "sou tal profissional" ao *status* de aposentado? Como ressoa a distinção bastante empregada socialmente: os "da ativa" e os aposentados? O que se aposenta? Quais os efeitos da aposentadoria sobre os "futuros não-cumpridos"? É comum a associação entre "aposentado" e "fim do trabalho". Não estaria tal associação arraigada a uma concepção de trabalho apenas como produtor de bens consumíveis? Que ideia de trabalho vigora no corpo social e quais seus efeitos sobre a aposentadoria? Comecemos por situar a concepção de trabalho.

Estamos tão habituados com esse termo que raramente paramos para pensar na sua complexidade. O dicionário indica diferentes significados e sinônimos: luta, esforço incomum, lida, conjunto de atividades produtivas ou criativas que o homem exerce para atingir determinado fim, atividade profissional regular, remunerada ou assalariada, ligada à produção de bens. O trabalho é ainda associado ao fardo, árduo, difícil, penúria, dever e encargo.

Na obra de Freud, além do emprego usual, o conceito de trabalho estende-se às diversas funções psíquicas, como trabalho do sonho, trabalho de análise, trabalho de luto e de elaboração. O trabalho em questão não produz algo usual; o produto advindo, constituindo-se de extrema importância, não é palpável como o são, por exemplo, outros bens, serviços e objetos produzidos pelo mercado.

Partindo-se dessa premissa começamos a alargar o conceito de trabalho. Este pode produzir algo totalmente diferente dos objetos usuais, e nem por isso perde sua importância. É uma produção que não para. Nessa direção podemos afirmar: se o cidadão pode se aposentar, o sujeito jamais se aposenta. O trabalho a ser desenvolvido pelas instâncias psíquicas só termina com a morte.

Trabalho, obra e ação

Hannah Arendt (1983) faz uma distinção entre trabalho, obra e ação. De forma bem simplificada, diríamos que o trabalho é uma atividade ligada à necessidade e corresponde à sujeição do homem ao indispensável da vida. Retomando a afirmação de Aristóteles de que os escravos não se tornariam verdadeiros humanos, a autora explicita que, no sentido grego, viver apenas sob o domínio da necessidade não permite aos homens ascenderem à sua humanidade ou ao ato humano. É preciso ir além da relação restrita com a necessidade sob a qual os animais se sustentam no mundo.

A obra ou fabricação tem começo e fim determinados, com um resultado tangível e durável: o objeto de uso. É uma intervenção do homem na natureza, produzindo artificialmente um artefato, um mundo de "objetos" próprio à modernidade. Pela obra, o homem assegura para si uma presença no mundo, introduzindo sua permanência e sua estabilidade, que têm como efeitos a sensação de identidade e pertinência no mundo. Há diferentes tipos de obras: artística, artesanal, literária, poética, musical, etc. A obra é toda produção que perdura e vai além do simples caráter de uso.

A ação é a única atividade exercida diretamente entre os homens sem a mediação das coisas. Não se reduz às necessidades, pode prescindir do artificialismo da fabricação, inaugurando o espaço público da pluralidade. A ação pode se encontrar em muitos projetos de vida.

Relendo as indicações de Arendt com a psicanálise, percebe-se que a concepção antiga de trabalho não oferece um lugar para que o sujeito coloque sua diferença e seu desejo, inserida como está estritamente no campo da necessidade. Sob certos aspectos, muitas das formas de trabalho hoje não se situam diferentemente dessa concepção, pois se restringem à pura sobrevivência. Não há uma identificação com tarefa executada, além de se inserirem sob a forma de uma exploração quase escravocrata.

O *Livro dos Eclesiastes*, escrito no século III a.C, nos oferece uma dimensão de que vários dos temas ali abordados em relação ao trabalho da época persistem nos dias de hoje: organização social que explora o trabalhador, estruturas injustas e competição desleal. As questões trazidas nessa obra são também atuais: o que resta a um povo, quando é impedido de usufruir o resultado do trabalho? Quais os ganhos de algumas formas de trabalho àqueles que as executam? Como o trabalhador pode colocar algo de si em produções que o alienam completamente?

Identificar-se ao trabalho é poder depositar nele algo de si. A identidade pressupõe também uma diferença com os traços do Outro; ao recebê-los cada sujeito os interpreta, pois não se trata de uma simples imitação. Incluir a diferença no trabalho é marcar o produto um traço próprio, e isso não se realiza em todas as formas de trabalho. Trabalhar sem recolher nada mais do que o necessário à pura subsistência é retirar do sujeito a possibilidade de criação.

Outra conclusão é de que se cada um se aposenta de determinada forma de trabalho; ninguém pode se aposentar da obra e de sua ação no mundo, pois são atividades que perduram e permitem escrever a diferença.

A aposentadoria e os efeitos sobre o sujeito

Amando ou não o trabalho exercido, estando inserido em atividades que apenas auxiliem a manutenção da sobrevivência além do tempo dispensado a ele, nem sempre o sujeito tem na aposentadoria um coroamento pelo trabalho exercido. Ela tem variados efeitos, a começar pela nomeação de "aposentado".

Esse termo tem um sentido figurado bastante difundido, referindo-se ao que não tem mais serventia e pode ser descartado: aposentar um sapato velho, um móvel, um carro ou um utensílio qualquer da casa. Aposentar, descartar, jogar no lixo, pôr de lado, inutilizar são algumas das ressonâncias que pairam sobre esse termo. Etimologicamente, no entanto, aposentar significa alojar-se, abrigar-se e agasalhar-se, evocando a ideia de acomodação, aconchego e proteção. Para alguns, com certeza, a aposentadoria pode trazer proteção, mas nem sempre esse é o desfecho.

Persiste na realidade brasileira, estendendo-se a de diversos países, até mesmo os ricos, além da perda do *status* social, uma perda significativa no salário para a maioria dos aposentados, refletindo-se no poder aquisitivo e demandando ajustamentos importantes no modo de vida. Tudo isso confronta cada um com mudanças importantes em sua inserção no mundo, como moradia, formas de lazer, estabelecer laços, entre outras. Não é incomum o sentimento de insegurança diante do futuro e o medo de depender dos filhos e parentes, mesmo que estejamos presenciando atualmente no Brasil uma situação inversa: muitos aposentados com parcos salários sustentando filhos e netos.

Para alguns, não obstante, a aposentadoria representa a perspectiva de poderem conduzir o tempo de outra forma, realizando atividades até então não desfrutadas e gozando a vida sem os horários e restrições que todo trabalho impõe. Fazer do tempo livre um bom tempo nem sempre se constitui em uma via facilmente encontrada; muitos se ressentem da obrigação, e construir uma vida fora do trabalho usual exige um aprendizado. A isso se acresce a realidade da grande parte dos aposentados para os quais os salários mal pagam a sobrevivência.

A ideia de que a aposentadoria representaria o fim do sofrimento é enfocada no livro de García Márquez, *Ninguém escreve ao coronel* (1968). Como ficção que toca sempre o real, o personagem dessa história, já idoso e vivendo em quase absoluta pobreza, aguarda há 25 anos uma carta do governo concedendo-lhe a aposentadoria pelos serviços prestados à pátria e cujo valor transformaria sua miserável vida.

A cada dia repete-se o mesmo ritual diante da mulher e do povoado: o coronel dirige-se ao correio, como quem se dirige a uma repartição pública em busca de um documento ou a uma casa lotérica à espera do bilhete sorteado. A carta, que parece predestinada a não tê-lo como destinatário, nunca chega, e, todavia, isso parece não importar. É a ausência da carta que coloca em movimento todos os planos desse personagem. É para sua possível chegada que ele "veste sua farda", aguardando a recompensa, o reconhecimento pelo trabalho e fazendo planos com a mulher. De um lado está o sujeito com seus sonhos, sustentando-os como pode, e de outro uma organização social injusta e alheia a qualquer aspiração individual.

Mas nem todos idealizam na aposentadoria um momento de fruição. O que pesa em alguns casos é a perda da função exercida e do lugar social, acrescidos da mudança de *status* social, perdas financeiras com efeitos sobre a identificação e os ideais a serem realizados. Outros continuam após a aposentadoria a exercerem funções semelhantes na vida, como alguns profissionais liberais que pagam a aposentadoria privada. Os destinos de uns e de outros não se igualam.

José Araújo Cotta (86 anos)[3] lutou muito na vida, ocupando diferentes funções, começando como *office boy* no Tribunal de Justiça com apenas nove anos de idade, pois, nascendo em uma família pobre e com muitos filhos, precisava ajudar na manutenção da casa. Trabalhou como diretor nas rádios Cultura e Itatiaia, na TV cultura, em um jornal de esportes e em diferentes funções no jornalismo, dirigindo revista e documentários. Jamais deixou de trabalhar e não vivenciou nenhum corte entre o trabalho exercido e o tempo de aposentadoria. Até sua morte, que se deu 15 dias depois desse encontro, administrou seus imóveis e participou ativamente da vida pública, principalmente do Retiro das Pedras, condomínio que criou há 50 anos. "Com muitas 'inspirações'", como definiu seu grande movimento na vida, continuou suas ações no mundo a partir dos projetos que não mediu esforços em realizar.

Do que jamais se aposenta e suas escritas

Alguns extraem do trabalho anterior trilhas para escreverem algo novo, assim foi o percurso de Sebastião Siqueira (75 anos).[4]

Trabalhando durante anos a fio em diferentes funções, principalmente na construção de grandes obras e de hidrelétricas, vivenciou mudanças sucessivas de um Estado para outro e o contato direto com grandes destruições causadas por essas obras. Ao se aposentar em 1986, continuou trabalhando até 2000, por "não se acostumar a viver sem o batente". Hoje é diretor da

---

[3] Esse encontro se deu no dia 26 de julho de 2008 e havíamos marcado outro para a semana seguinte, mas ele, infelizmente, adoeceu e morreu no dia 11 de agosto.
[4] Entrevista concedida a Mariana Mucida e Vanessa Costa em novembro de 2005 para o jornal *Manuelzão*, ano 8, n. 33.

Associação Eclética de Aposentados e Pensionistas da Previdência Social de BH (ASEAPREVS) e dedica-se à defesa do meio ambiente, atuando no Projeto Manuelzão. Saber extrair do vivido alguma coisa nova permitiu a ele conduzir sua aposentadoria a pontos inéditos pelos quais insere agora sua ação no mundo.

Aposentadoria e ação no mundo, trabalho e desejo. Talvez sejam esses os pontos comuns que convocam todos os aposentados: a criação de novas maneiras de vestir o desejo, que não morre, em conformidade com as mudanças inevitáveis.

Desejar a aposentadoria, almejando a saída de um lugar tantas vezes indesejado, não é suficiente para que o sujeito possa, de uma hora para outra, encontrar outras formas de prazer no mundo. Para muitos é necessário um tempo para compreenderem essa nova etapa, concluírem o trabalho de luto para então se abrirem a novos investimentos. Para transformar a aposentadoria em um momento de aconchego e entrega a outras moradas, diferentes da anterior, e entregar-se às obras e ações é necessário muitas vezes algum esforço e trabalho psíquico.

De imediato, saber o que se deseja não é uma tarefa tão simples. Lembro-me de uma história para crianças: Aladim e a lâmpada maravilhosa. Para muitas crianças predomina a dificuldade de nomear e encontrar os três desejos, para outras a angústia advém ao se depararem com o desejo reduzido a apenas três. Se nomear o desejo não é fácil, não desejar, por outro lado, iguala-se à morte psíquica.

O que você deseja? Tal pergunta nunca é simples, porque, para respondê-la, passamos por variados caminhos e desvios, tentando explicar e extrair o desejo, e, ao fazê-lo nunca, estamos totalmente satisfeitos. Este é o efeito da própria estrutura de falta do desejo: é mesmo necessário que algo falte, para que o sujeito continue desejando, daí a angústia que se estabelece para alguns ao se depararem com a escolha de apenas três desejos na lâmpada de Aladim.

Afonsina (69 anos)[5] trabalhou como assistente social durante 33 anos, amando a função e o trabalho exercido. Ao se aposentar sentiu-se triste, sem lugar, um "baque" em sua vida, mesmo tendo participado anteriormente da coordenação do serviço de preparação para aposentadoria. Aceitou de prontidão trabalhar como voluntária em outra instituição, mas salienta a diferença entre trabalho voluntário, tantas vezes colocado como a saída para os aposentados, e o trabalho anteriormente exercido.

---

[5] Encontro realizado em 2/2/2008 no Retiro das Pedras, BH.

No trabalho estava no campo, tinha laços diferentes com colegas, discutia, sabia meu lugar, e as coisas andavam diferentes; tinha poder de decisão, podia solicitar coisas. Era todo um campo preparado para isso. No trabalho voluntário não sabia mais qual era meu lugar. Mesmo trabalhando com a mesma carga horária e me dedicando muito, como sempre me dedico a todo trabalho que realizo, não era mais a mesma coisa; era uma relação de trabalho artificial.

A palavra "campo" indica bem o lugar onde esse sujeito encontra-se identificado, cria diferentes laços e deposita ali seu desejo. Afonsina passou por outras experiências de trabalho voluntário sem, contudo, encontrar nelas uma satisfação. Trocar algo por outro implica satisfações substitutivas, que nunca serão mesmo como as originais. De toda forma, em toda substituição deve prevalecer uma escolha, um traço do desejo para que os investimentos se façam. Isso implica que nela o sujeito encontre algo de si. A questão é exatamente descobrir um lugar no qual se sinta bem, realizada.

Sentir-se "realizada" é identificar-se com o que escolheu. Ao falar de literatura seus olhos brilham, e o mesmo sucede em relação ao trabalho de pesquisa, que ela adora. Quer dizer, o sujeito sabe reconhecer onde se encontra de fato enlaçado, a questão é dar sustentação a isso que deseja. De toda forma, torna-se claro que não existe uma "receita" de como conduzir a pós-aposentadoria.

A relação do sujeito com seu desejo apresenta-se muitas vezes sob a forma de angústia. Esta oferece sinais de que o desejo não está sendo realizado e insiste em se realizar. Estar angustiado diante de perdas e mudanças dá provas de que alguma coisa não pode ser apagada. Angustiar-se é uma forma de se debater contra o apagamento do desejo, contra o real bruto que surge sem aviso prévio. E como reescrever o desejo na aposentadoria?

Comentamos acima que o ideal do eu enlaça-se ao campo social e é a via pela qual o sujeito busca formas de realizar traços de seu eu pelas identificações com os laços sociais. O ideal do eu oferece a possibilidade de o sujeito não se sentir perdido, destituído, enlaçando-se socialmente. É uma ferramenta indispensável para tratar as perdas e modificações advindas também da aposentadoria e do envelhecimento. Se o sujeito encontra a via dos ideais para reinscrever seu desejo, criando projetos de vida, não sentirá o desejo se esvair.

Nessa direção tornam-se importantes a ampliação e a diversificação dos laços com os outros. Vale lembrar, nessa direção, do velho ditado popular retomado por Freud ([1930] 1976) em *O mal-estar da civilização*: "o bom investidor não investe tudo em um mesmo negócio". Quanto mais o sujeito expande as formas de inserir seus ideais no mundo, menos sentirá as perdas e mais se abrirá às vias substitutivas. Muitos sujeitos, ao se aposentarem, "pescam" antigos projetos, desejos não realizados, colocando em marcha novos investimentos e outras ações no mundo.

Aposentadoria e trabalho de luto

A pergunta "como enlaçar o desejo?" tem relação direta com o trabalho de luto. Trata-se nesse caso de uma verdadeira luta que cada um deverá empreender para deixar cair o que foi perdido. É importante compreender que as perdas das quais se tratam no trabalho de luto não dizem respeito apenas aos objetos reais, materiais ou não. As perdas incluem também os ideais, projetos e, até, todo um campo imaginário que se apresenta sempre de modo singular.

Não são sem consequências, como acentuado, as mudanças que a aposentadoria acarreta na vida das pessoas. Diante disso há que suportar que algumas coisas não se escreverão da mesma forma de antes, encontrando substituições. A propósito, retomando mais uma vez Freud, vale lembrar que alguém só abdica de uma forma de satisfação em troca de outra.

A satisfação não implica, para a psicanálise, necessariamente o prazer, indica que algo se satisfaz inconscientemente, e isso pode ser, até, pelo sofrimento. Pode soar estranha ao leitor uma satisfação pelo sofrimento, mas basta pensar a quantidade de pessoas que não abrem mão do sofrimento, mesmo que outras saídas se descortinem. Trata-se de determinado ganho, mas inconsciente e, na maioria das vezes, desconhecido para o sujeito e do qual ele não consegue se livrar facilmente. Esse tipo de satisfação demanda um intenso trabalho psíquico para detectar o que se ganha, apesar do sofrimento. Sob o jugo do sofrimento encontram-se muitos laços afetivos, amorosos, sociais e de trabalho.

Há pessoas que nunca amaram sua função, passaram a vida reclamando do trabalho exercido e, ao se aposentarem, ressentem-se dessa perda de uma forma incompreensível à primeira vista. Nesse trabalho, nessa função, mesmo sob o domínio do mal-estar, algo se satisfazia e mantinha esses sujeitos ligados ao mundo, identificando-os.

Conclui-se não ser simples interpretar o que cada um perde ou ganha com a aposentadoria. Dessa maneira, o trabalho de luto, ao contrário do que o termo possa evocar, implica uma verdadeira abertura ao desejo. Trata-se de construir um saber sobre o que foi perdido. Uma vez feito o luto, o sujeito se encontra livre para buscar outros caminhos, abrindo outras páginas para continuar a escrita da vida. Da mesma forma que não há velhice, não há vida sem o trabalho de luto; na aposentadoria o sujeito se defronta com a tarefa de saber o que for "aposentado".

Nem sempre se tem de imediato a clareza de qual perda se trata, mas os sintomas sinalizam o que não funciona, impondo uma leitura. Amando ou não o trabalho exercido, nele cada um é convocado a dar grande parte de si, e isso tange diretamente o reconhecimento pelos outros. Não se pode desconsiderar que grande parte da vida se tece através do trabalho, e isso não pode ser apagado. Faz-se necessário um tempo para compreender essa mudança, abrindo-se a outros investimentos.

Imagem da velhice e o imperativo do novo

Estamos imersos numa cultura que preconiza e valoriza o novo, na tecnologia, nos novos objetos, e tudo o que possa se mostrar como sendo de "ultima geração". "Última geração" e "novo" entre aspas para salientar a ironia vigente nesse tipo de discurso. De que novo se trata? Existiria um novo abstraído da história ou isso é mais uma ficção moderna? Há algo verdadeiramente novo na nova ordem mundial?

Uma coisa é certa, o novo dos novos objetos não apaga todo o mal-estar, mesmo aqueles prescritos para sanar a depressão, a angústia, a ansiedade, entre outros sintomas. Algo resta sempre intratável pelo domínio do novo. Essa ideia de novo não inaugura por si uma nova posição do sujeito diante do seu sofrimento. A história não pode ser apagada e substituída por outra. Pode-se tentar apagar as marcas inscritas no corpo e na imagem, lutando contra algumas impressões nas "esculturas do tempo", mas há limites às intervenções sobre a imagem e limites às modificações feitas pelos bisturis. A imagem que cada um tem de si não se modifica simplesmente por uma intervenção estética. Seus efeitos são transitórios e algumas vezes até traumáticos.

De toda forma, a nova geração dos objetos e o culto ao novo incidem sobre a imagem da velhice, e o medo de envelhecer prevalece, mesmo para os jovens. Envelhecer em um mundo que preconiza, valoriza e vive sob o império do novo não é fácil!

A desvalorização da imagem da velhice não se dá apenas e unicamente em torno do corpo, mas recai também sobre a concepção de trabalho, como destacado anteriormente, e sobre a produção de saber. Habituamo-nos muito rapidamente à nova ordem mundial, na qual vale quem tem a técnica, descartando-se facilmente o saber oriundo de cada experiência. Com toda tecnologia e tanta novidade, ainda vemos fracassar esses dispositivos diante da perda, da morte, da dor, da depressão e de inúmeros sintomas nomeados como modernos. A despeito do novo mundo, o singular dos sintomas continua a furar a ilusão de um saber total sobre os sujeitos e sobre a velhice.

Vivemos sob a crença do poder da Ciência, dos objetos e das novas tecnologias para tratar todas as adversidades e o desamparo da vida. Como super-homens e supermulheres somos convocados a sustentar um mundo sem falhas, e isso recai diretamente sobre a cobrança de permanência de uma velhice sem marcas.

Malgrado tantos mecanismos e propostas de se apagar as nervuras do tempo, persistem inúmeras insatisfações com a imagem. Nossa época cria, com a demanda do novo, um novo mal-estar, marcado pela exigência de uma imagem feliz, satisfeita e sem dor. Somos assaltados todos os momentos por câmaras que nos convocam a sorrir. Contudo, esse palco armado não protege o sujeito do encontro consigo mesmo. Tirar as marcas, as rugas e tudo o que concerne ao envelhecimento tem sido prática comum na nova ordem social. Se, aparentemente, os sujeitos se acomodam às novas imagens oferecidas pelos bisturis, nem sempre esses são os resultados.

Encontramos na clínica sujeitos que querem retirar as marcas ditadas pelo tempo, mas são outras as marcas que os fazem sofrer. Não se trata de um discurso contra ou a favor das cirurgias estéticas, pois em muitos casos, quando se sabe bem o que se quer e os limites das modificações a serem feitas, tais intervenções podem encontrar um bom lugar na história particular. O fundamental é entender o lugar dessa demanda.

Em alguns casos escutados, mudar a imagem, cortar partes do corpo é cortar o que retorna de marcas e traumas anteriores. Trata-se de desvalorizações produzidas muito precocemente e que, com a velhice, tomam um tom mais agudo. Em diferentes casos, acolher a angústia, a indecisão ou a ideia fixa de uma cirurgia estética, construindo um saber em torno dessa demanda, é o único caminho pelo qual o sujeito possa se responsabilizar por aquilo que diz querer ou não querer. O encontro com a "nova" imagem pode provocar para alguns, em vez da suposta alegria, a rejeição, mais insatisfação e estados depressivos.

Como salientado, o sujeito se reconhece e identifica uma imagem de si que oferece a seu corpo certa consistência, por isso mudanças na imagem têm efeitos sobre as identificações e o sentimento de pertinência do corpo.

Não se pode desconhecer ainda que as inúmeras ofertas de cirurgias estéticas forçam ou criam demandas, por isso há de se verificar com cuidado o lugar que ocupam na história, evitando insatisfações mais graves com a imagem.

Para além das intervenções mais incisivas e que tendem a modificar bastante a imagem, várias práticas de embelezamento e cuidado corporal contribuem para resgatar uma boa relação com a imagem e não podem ser simplesmente descartadas como "pura vaidade".

Da vaidade ao narcisismo

A vaidade apresenta-se de diferentes formas e, assim como o narcisismo, tem uma conotação negativa que tende a igualá-la ao ilusório, vazio e superficial. Entretanto, relacionando-se à imagem tange também o narcisismo. Como tentamos demonstrar, o narcisismo reveste o corpo, dá consistência à imagem e é essencial ao eu. Ninguém vive sem uma cota de narcisismo, e a vaidade está aí incluída. Outra coisa é um sujeito agarrado à imobilidade da imagem.

A impossibilidade de se igualar à imagem e a distância necessária entre o sujeito e seus espelhos são abordadas de forma impecável no mito de Narciso. Conforme nos indica Junito Brandão (1989, p. 173), narciso advém de *Nárkissos,* e o elemento *nárke* em grego significa "entorpecimento" e "torpor". A flor narciso, bonita, com vida breve, estéril e perfume soporífero, assemelha-se ao destino de Narciso.

Narciso, filho da linfa Líriope com Cefiso nasceu com uma rara beleza, destinada a encantar deusas, ninfas e mortais. Ele viveria longos anos desde que não se visse, conforme a profecia de Tirésias, o sábio adivinho. Certa vez, tentando matar sua sede, aproxima-se de uma fonte transparente e limpa, encontrando-se pela primeira e derradeira vez com sua imagem. Esse momento é descrito magnificamente nos versos de Ovídio.

> Deitou-se e tentando matar a sede,
> Outra mais forte achou. Enquanto bebia,
> Viu-se na água e ficou embevecido com a própria imagem.
> Julga corpo, o que é sombra, e a sombra adora.
> Extasiado diante de si mesmo, sem mover-se do lugar,
> O rosto fixo, Narciso, parece uma estátua de mármore de Paros.
> Deitado contempla dois astros: seus olhos e seus cabelos,
> [...] Admira tudo quanto admiram nele.
> Em sua ingenuidade deseja a si mesmo.
> A si próprio exalta e louva. Inspira ele mesmo os ardores que sente.
> [...] Crédulo menino, por que buscas, em vão, uma imagem fugidia?
> O que procuras não existe. Não olhes e desaparecerá o objeto de teu amor.
> A sombra que vês é um reflexo de tua imagem.

Nada é em si mesma: contigo veio e contigo permanece.
Tua partida a dissiparia, se pudesses partir... (BRANDÃO, 1989, p. 180)

Nesse mito, o estranho familiar representado pela beleza, em vez do horror ou do nojo como nas experiências relatadas por Guimarães Rosa e Freud, causa o êxtase com efeitos hipnóticos e amortecimento. Narciso viveria se não se visse, pois se ver nesse caso é enamorar-se de si mesmo, com todos os engodos desse encontro.

Lembramos que o narcisismo para Freud faz parte da constituição do sujeito e nos acompanha por toda a vida. Trata-se de um revestimento que permite certa coesão de nossa imagem.

Narcisismo, eu e outro, imagem, espelhos e reflexos são momentos da constituição estruturados também por uma falha. Nessa direção, Junito Brandão (1989, p. 187), retomando de Platão o Mito da caverna, ao abordar a sombra e a luz, nos oferece outra indicação para se pensar o entrelaçamento das imagens aos reflexos: "[...] não pode existir sombra sem luz, e estas estão de tal modo relacionadas, que, ao cair da noite, ambas são devoradas pelas trevas". Assim, suportar a dupla inscrição do que se reflete e se oculta no tocante às imagens permite salvaguardar-se diante das mudanças contínuas e infalíveis.

O engodo de Narciso ao tentar igualar-se à imagem, paralisando-a no instante refletido de juventude e beleza, casa-se a um traço dominante na cultura atual. Ao contrário da imagem da adolescência[6], atualmente muito valorizada, trazendo perspectivas de aquisição, a imagem da velhice, além de não ser valorizada socialmente, não traz nenhuma promessa de novos ganhos. Trata-se de modificações nem sempre fáceis de assimilar e amar. Isso explica por que para alguns o encontro com a imagem marcada por cabelos brancos, rugas, menor elasticidade da pele, entre outros traços, pode provocar a não-aceitação e o ódio.

O ódio à própria imagem é o ódio a si mesmo, já que o eu é corporal e que o corpo constitui-se também pela imagem. Amar a imagem à maneira de Narciso, não distinguindo luz e sombra, evitando o que se mostra e oculta ou odiando a imagem refletida são posições que se encontram em seus extremos.

Abordamos em *O sujeito não envelhece* (MUCIDA, 2006, p. 108-111) a tese de Messy sobre o "espelho quebrado". Para esse autor, ao contrário do estado

---

[6] Ao leitor que se interessar pela discussão mais aprofundada do imaginário na velhice sob a ótica do discurso analítico ver MUCIDA, 2006.

jubilatório que a criança pequena encontra ao se ver no espelho – antecipação de uma certa coesão e integração corporal –, com a idade avançada, esse encontro pode-se apresentar não como antecipação de uma imagem totalizante, mas como antecipação de um corpo fragmentado e que não se ama. Vivência que poderá acarretar para alguns o horror, o ódio e estados depressivos. No entanto, como não há formas de apagar ou impedir esse encontro, o sujeito deverá se adaptar, suportá-lo ou, no melhor dos casos, aprender a amá-lo.

A agressividade em relação ao que se vê e se odeia traz consigo efeitos danosos para o sujeito, e um dos sintomas pode ser o de tentar apagar a qualquer preço as marcas depositadas no corpo. Sabemos que a Ciência moderna tem uma cumplicidade sem limites com essa via. Todavia, apesar de seus avanços, é impossível apagar a passagem do tempo. Podem-se retardar suas marcas, torná-las mais amenas, tratá-las com mais carinho, mas não se pode anulá-las. A única saída é aprender a amar os traços que são próprios e exibem a cada um a sua história, tão particularmente escrita.

Ressaltamos novamente que a imagem odiada não se refere jamais ou unicamente àquela refletida pelo espelho, com rugas, possíveis marcas, flacidez, etc. A imagem que se odeia relaciona-se fundamentalmente com os laços com os outros e com o reconhecimento, incluindo os laços sociais, familiares, de amizade, os projetos de vida e de como cada um conduz as mudanças e perdas, das quais a imagem no espelho é apenas uma.

Há traços sobre o corpo e sobre a imagem que não se apagam. Não há como imobilizar a passagem do tempo e suas consequências. Torna-se fundamental suportar a falta sempre presente nessas escritas no corpo e na imagem dando-lhes destinos nos quais o sujeito esteja implicado.

Saber fazer certo humor com aquilo que não se apaga e aprender a brincar com algumas das marcas esculpidas pelo tempo são maneiras desembaraçadas de conduzi-las.

Há um espelho que não se quebra; aquele recriado a cada momento da vida pelo acolhimento das marcas, dobras e rugas que a vida impõe. Com ele se tece um estilo, indo além do ideal mortífero de permanência. Nisso vale recordar o bom humor de "O Antinarciso" de Mário Quintana (2003, p. 177): "Esse estranho que mora no espelho (e é tão mais velho do que eu) olha-me de um jeito de quem procura adivinhar quem sou". Ou, à maneira proustiana: "[...] nenhuma importância teriam as bolsas sob os olhos e as rugas da testa se não fosse a tristeza do coração" (PROUST, 1994b, p. 180).

Capítulo III

A escrita no corpo e seus destinos

Um corpo chamado "eu"

O que é ter, sentir ou ser um corpo? Tal pergunta, aparentemente fácil, provoca dificuldades na resposta. De imediato pode-se dizer que o eu é corporal, sou meu corpo, não existo sem ele. Entretanto, essa consonância entre eu e corpo não é tão simples. O corpo tem suas contradições, dirá Drummond (ANDRADE, 1984, p. 7).

> Meu corpo não é meu corpo,
> É ilusão de outro ser,
> Sabe a arte de esconder-me
> e é de tal modo sagaz
> que a mim de mim ele oculta.
> [...] Meu corpo inventou a dor
> a fim de torná-la interna [...]
> Meu corpo ordena que eu saia
> em busca do que não quero,
> e me nega, ao se afirmar
> como senhor do meu Eu [...]
> [...] Quero romper com meu corpo,
> quero enfrentá-lo, acusá-lo,
> por abolir minha essência,
> mas ele sequer me escuta
> e vai pelo rumo oposto. [...]

Corpo estrangeiro, senhor de uma casa chamada "eu", corpo prisão, corpo êxtase, corpo confortável com o qual se deita, corpo dor... Essa cadeia seguiria espichada por outros adjetivos sem que nenhum pudesse definir com justeza o que é da ordem do corpo.

O corpo pode ser pensado como uma espécie de laço feito de três fitas: cada uma delas serve de suporte às outras, e nenhuma existe sem a presença da outra. Há o corpo com o qual se nasce, as imagens que o formam e o estruturam como um corpo próprio, como visto no Capítulo II, e as palavras que o nomeiam. Nascer com um sexo anatômico, determinada configuração corporal, receber heranças, traços genéticos, determinados atributos, inscrições sociais e ter uma imagem não implica que cada um encontre aí sua perfeita identidade. Afirmar que somos e temos um corpo não implica que estejamos perfeitamente ajustados a ele.

Nosso "eu" é corporal, não obstante, bem antes de nos reconhecermos como um "eu" e nos identificarmos a tal corpo e a uma imagem própria, sofremos os efeitos das palavras ouvidas, sentidas ou imaginadas relativas a ele. Muito precocemente o corpo é nomeado, olhado e tocado, o que impõe marcas que se adiantam à forma de cada um percebê-lo.

As palavras oferecem ao corpo uma forma, um nome e outros designativos, tornando-o diferente de todos os outros. As palavras fazem o corpo se incorporar de maneira singular. Dissemos "este é fulano, e aí se encontra um corpo, revestido de uma imagem e um nome próprio". Seus efeitos são tão significativos que mesmo depois de morta a pessoa permanece para além de sua morte pelo legado de sua história e as palavras que a nomeiam. Encontram-se aí as lápides e os túmulos para comprová-lo, as inúmeras histórias contadas de alguém que, mesmo morto, é vivificado pelas palavras que dão suporte às imagens e às lembranças relativos a ele. Entretanto, o enlaçamento do sujeito ao corpo deixa sempre um resto inassimilável para cada um. Isso pode se apresentar por imagens, identificações, palavras que o nomeiam, nome próprio e o real do corpo que não pode ser apagado.

Escritas no corpo

Todas as reflexões nos indicam que o envelhecimento corporal não se processa igualmente para todos. Vários fatores se conjugam no envelhecimento corporal, como herança genética, cuidados com a alimentação, hábitos de vida, radicais livres, exercícios físicos, investimentos libidinais, laços sociais, projetos, capacidade de suportar mudanças e os lutos necessários das perdas e modificações. Por sua vez, esses fatores se encontram ligados às reservas psíquicas, emocionais e aos traços pessoais com os quais cada um responde às modificações inevitáveis do envelhecimento.

Características genéticas, celulares e hereditárias se conjugam aos traços psíquicos, emocionais e à forma de cada cultura acolher a velhice. Se esta impõe modificações e perdas inevitáveis, já que a vida caminha, se é para alguns biólogos a marca inevitável da perda da plasticidade ao nível celular, isso não implica que ela seja um amontoado de doenças.

Apesar de muitos sintomas e patologias só aparecerem com o passar dos anos, com modificações na capacidade de defesa a muitas doenças, além das mudanças corporais, em especial na imagem e na motricidade, pode-se envelhecer bem, adaptando-se a elas. As modificações ou reduções de algumas funções não impedem à grande maioria dos idosos de tecerem belas escritas, inventando boas respostas às questões colocadas pela velhice.

Nas palavras de minha mãe, Marieta, então aos 81 anos: "[...] se existe velhice, ela pode ser uma acomodação: se não posso comer uma coisa, como outra, se não posso fazer uma coisa, faço outra". Agora aos 85 anos continua com atividades físicas diárias, faz yoga, caminha, inventa exercícios e participa de um grupo de aeróbica, escolhendo exercícios próprios ao seu momento. Em suas palavras:

> Se o idoso se acomodar e não lutar contra o desânimo, não se levanta. Faço aeróbica, exercícios de yoga e depois me sinto bem. Não são apenas os exercícios que ajudam, mas também o companheirismo e a alegria que encontro no grupo. Meu joelho começou a doer, e falaram em operá-lo. Fiz fisioterapia e exercícios com ele todas as manhãs, e agora não tenho mais nenhuma dor. Se o corpo só quer cama, luto contra isso: levanto, cuido da casa e faço atividades. Não sinto mais dores nos ossos e cuido da alimentação, como o que posso e bebo muita água; a saúde entra também pela boca.

Temos aí dois sentidos de acomodação: pode ser um ato de entrega sem implicação com o momento ou, pelo contrário, traduz o enfrentamento das perdas e modificações, promovendo substituições necessárias. Há idosos que sempre fizeram atividades físicas e continuam, mesmo bastante idosos, a exercitarem seus corpos, inventando e criando maneiras de tecerem com o desejo que não envelhece apesar do corpo envelhecido.

Nessa empreitada torna-se fundamental no processo de envelhecimento, a partir da meia-idade, diante de inúmeras modificações no corpo, na imagem e nos laços, que se criem formas alinhadas ao desejo para tratar as modificações, ocupando novos lugares e transitando por vias anteriormente abertas.

Outro exemplo de uma bela escrita com o corpo é o de René Gumiel, bailarina francesa que viveu no Brasil a partir de 1950, trazendo o balé moderno e tornando-se um ícone na dança. Longe de ter vivido uma vida fácil, experimentou os horrores da 2ª Guerra Mundial, lutou e venceu o câncer por três vezes, além de fraturas graves no joelho. René soube transformar as dificuldades em movimentos de dança que marcam uma história, fazendo do "desejo uma entidade da alma". Morreu aos quase 93 anos em plena atividade, dando aulas e ensaiando para um espetáculo. Em uma entrevista concedida à revista *Isto é Gente*, ao comemorar 90 anos afirmou:

> Tive muitas doenças, ninguém pensava que chegaria aos 90 e em muita boa forma. [...] Uma fada pôs muita energia no meu berço. Para mim, não existe terceira idade e idoso. E eu gosto da vida [...]. Quando você tem um câncer, é naturalmente muito doloroso. Mas, quando acaba, você vê que não foi totalmente ruim. Eu mudei a minha vida. Tirei disso sabedoria e humildade. (GUMIEL, 2003)

Há outros que em idade mais avançada descobrem prazeres inéditos em práticas cotidianas e atividades corporais. A mídia tem destacado idosos que com quase 80 anos descobrem em algum esporte, principalmente a natação, um ponto de prazer e de mais um laço com a vida. Há até campeonatos de natação dedicados aos idosos com mais de 90 anos. Dessa forma, cada um envelhece apenas de seu próprio modo; com seus traços e sua maneira de lidar com a vida, implicando com isso que destinos inéditos se escrevem na vida que não para.

Talvez os maiores desafios da velhice em relação ao corpo sejam enfrentar e cuidar das dificuldades motoras, tratar das feridas narcísicas provocadas pelas perdas e mudanças de *status* social e investir o desejo em ideais, diminuindo dessa forma os riscos de estados depressivos e perda de memória.

A partir dessas indicações torna-se mais fácil entender a metáfora do corpo como um laço de três fitas. Há algo nesse corpo que não pode ser anulado; nascemos com determinado corpo e, a despeito de toda tecnologia, não é possível transformá-lo em outro. Não é possível também deter o avanço das modificações do tempo, que incide sobre a fita da imagem, e as modificações nos laços sociais.

Na velhice, como em qualquer outro momento, essas três fitas devem assim permanecer; o afrouxamento de uma delas tem efeitos sobre as outras. Perdas na relação do sujeito com sua imagem podem provocar estragos nos laços sociais e possíveis sintomas corporais se não houver um trabalho de luto. Por outro lado, diante de uma doença, a libido é retirada do mundo externo e investida no corpo, pois não é fácil sustentar a libido diante de certas dores. Essa retração sobre o corpo doente provoca desenlaçamentos com o mundo e com a relação com os outros. Se uma dessas fitas se esgarça, as outras devem se fortalecer oferecendo suporte para que o laço não se desfaça.

Esse laço pode sofrer inúmeras vicissitudes com o passar do tempo, mas sem se romper. Para isso torna-se essencial responder ao momento de maneira a manter unidas essas fitas. Como acentua García Márquez (1985, p. 38): "Os corpos libertados, respirando à vontade, se mostravam tal qual eram. Mesmo aos setenta e dois anos".

O corpo que adoece: discurso atual e laços familiares

Os discursos e o tratamento dado à velhice em cada época e em cada cultura têm efeitos sobre a imagem, o lugar dado ao corpo e os sintomas a serem produzidos. Se em épocas anteriores à nossa o corpo era velado sob vestimentas que escondiam suas formas – como é ainda a prática em algumas culturas –, na nova ordem instalada pela "cultura do novo" e do gozo rápido o corpo está em destaque. Vige um ideal de corpo que funcione bem, não adoeça, mostre-se sempre sadio, "sarado", belo e preparado para ser exibido.

Nessa nova ordem, o corpo envelhecido encontra muitos limites e paradoxos. Convidado a existir à custa de seu apagamento com técnicas que prometem retirar todas as marcas prescritas pelo tempo, se tornando, por vezes, estranho ao próprio sujeito, é, ao mesmo tempo, um corpo suposto frágil e doente, exigindo constantes cuidados médicos. A tentativa de apagar a diferença com que cada corpo envelhece, como se os corpos envelhecidos constituíssem uma "raça" diferenciada dos outros, impera junto à promessa de vida longa para todos. De um lado tenta-se apagar os traços da velhice deixados no corpo e na imagem, de outro "acolhe-se" esse corpo, suposto a adoecer, criando em torno dele uma série de serviços e tratamentos.

Consumir objetos oferecidos como mantenedores da saúde, ter uma verdadeira farmácia em casa e tomar dezenas de remédios são práticas frequentes à maioria dos idosos, tenham ou não sintomas diagnosticados de uma patologia. Essa forma de tratar o corpo envelhecido advém da falsa concepção de que a maior fragilidade corporal desse momento é sinônimo de doença. Essa relação pode se colocar para alguns de forma bastante obcecada, com rituais em torno do funcionamento dos órgãos e descrições pormenorizadas de suas atividades, em especial do trato digestivo e intestinal. Alguns fazem do corpo e de seus sintomas o palco para continuarem a escrever a vida e fazer laços com os outros.

Todas às vezes que na vida adulta o sujeito se sente ameaçado ou ferido narcisicamente, desvalorizado, abandonado, sem saídas com os ideais a serem realizados, tende a regredir a um estado anterior, buscando formas de recobrir o buraco aberto na relação com os outros. Nessa direção, agarrar-se ao corpo doente é uma tentativa de dar-lhe consistência. Em substituição aos laços fragilizados e uma imagem que se modifica pode imperar o corpo doente.

Como indicado, algo se satisfaz também pela dor. Estar doente pode ser uma maneira de fazer laço com os outros. Escutei de alguns analisandos que ir aos médicos era uma maneira de serem escutados, tocados, olhados... Forma de manterem o corpo em voga, mesmo sob a condição de algum sintoma corporal imaginário ou real.

Há um caso relatado por uma secretária da saúde de uma pequena cidade do interior que ilustra bem isso. Certa feita, uma senhora idosa queria conversar pessoalmente com ela, não aceitando mais ninguém. Ao ser inquirida sobre o que se tratava, reclamou com indignação do novo médico: "Nunca vi coisa igual, nem apalpar a gente ele apalpa, então para que o médico?". Para longe de uma anedota, esse sujeito denuncia que no corpo onde o sintoma fez sua morada se encontra também um sujeito. Seu sintoma tem um dono e um endereçamento. Ser apalpada é ser acolhida por um ato no qual se juntam o olhar, as palavras e uma escuta médica.

Acentuamos que o sujeito só troca um tipo de satisfação, prazerosa ou não, por outra. A satisfação obtida com os sintomas corporais só pode ceder diante de outro ganho advindo como signo de amor, carinho e outras formas de envolvimento com o Outro.

A ausência de prazer no cotidiano sem perspectivas para o futuro, a precariedade de laços afetivos, o abandono, o isolamento e a solidão são alguns dos caminhos que podem esgarçar o laço do corpo, tornando-o mais frágil e propenso a doenças. Um corpo reduzido às necessidades básicas torna-se sem lugar para o desejo.

Observo nos idosos escutados em análise ou na supervisão de casos clínicos o papel também da família sobre os destinos do corpo na velhice. Aqueles que mais se agarram aos sintomas físicos e muitas vezes restringem a vida à vivência do corpo doente, tornando difícil outra intervenção que não seja pelas diferentes prescrições médicas, multiplicidade de exames e tratamentos, são também aqueles que mais padecem do abandono afetivo da família e de outros laços sociais. Nesses casos, se a família apoia os cuidados necessários à manutenção do corpo e tratamentos médicos, dá pouca atenção e carinho e não se abre às formas de tratamento nas quais será convocada a se implicar para além do pagamento de despesas. Nesses casos a dificuldade com um tratamento analítico, por exemplo, torna-se importante, e o pacto entre o idoso e a família pode se efetivar em torno dos sintomas corporais.

A vida encerrada apenas em torno das necessidades não incita o sujeito a inventar estratégias para transformar as perdas. Sem elas o sujeito fica reduzido ao mal-estar dos sintomas. Tratar o corpo apenas em torno de sua fisiologia e sua anatomia é ainda esquecer que essas partes não operaram sem o sujeito. Um corpo desabitado do sujeito morre em pouco tempo. Sem palavras, olhares, toques, cheiros e todo um campo de afeto que oferecem consistência ao corpo, predomina o palco para a morte em vida.

Enquanto os corpos da criança, do adolescente ou mesmo do adulto são tocados, olhados e admirados, o corpo envelhecido torna-se frequentemente ignorado; pouco tocado, a não ser quando doente, pouco olhado e admirado, até mesmo pelo próprio idoso. Se o idoso não ama sua imagem e seu corpo, como tecer a vida com ele?

Voz, olhar, toque e outros sentidos misturam-se à memória inaugurada no corpo pela intervenção precoce do Outro. Essa memória não se perde, tanto que os adultos têm preferência ou repúdio por algumas demonstrações de afeto em detrimento de outras, e, na sexualidade, isso se apresenta de forma marcante. Ao idoso cabe encontrar vias de amar seu corpo, trabalhando com atividades que lhe causem prazer, cuidando da imagem, deixando-a aprazível para si mesmo. Revestir a imagem é fundamental na velhice; se os outros não abrem muitas trilhas nessa direção, cabe ao idoso lutar para abri-las.

Um saber a ser escutado

Mesmo com o inevitável das mudanças corporais advindas da velhice, imputa-se ao envelhecimento após a meia-idade e à velhice, uma gama de sintomas que não são apanágio desse momento. Muitos profissionais encontram aí a justificativa para vários sintomas, e o efeito será uma má e inadequada acomodação do paciente. Como salienta Marieta (85 anos):

> Temos de ter cuidado com o excesso de remédios e a preocupação excessiva com as doenças. Não vou muito aos médicos. Alguns idosos não largam o aparelho de medir pressão, mas se esquecem de cuidar do corpo, beber água, fazer exercícios. Vivem falando em doenças e de velhice, mas não fazem nada para evitar as dores; só ficam na lamentação e não saem dos médicos.

Felizmente alguns idosos colocam limite à tendência vigente, interrogando as prescrições médicas, lendo bulas e se inteirando do que lhes concerne. Alguns profissionais se sentem incomodados com essa posição por não verem nela uma aliada ao sucesso do tratamento.

Questionar, manter-se crítico ou indagar sobre os procedimentos a serem adotados no tratamento de seu corpo, não apenas pode evitar uma superdosagem medicamentosa, bastante comum na velhice, como contribui intensamente para o tratamento, na medida em que, ao se implicar, o idoso pode observar seu lugar no surgimento de seus sintomas. O idoso não deve desconsiderar de forma alguma o saber adquirido com seu próprio corpo. Se os profissionais escutassem mais o que sabem os idosos sobre seus sintomas, com certeza os teriam como aliados no tratamento.

Muitos idosos reclamam, e com razão, de que, acamados ou em hospitais, sofrem (esse é o termo) incisivos e constantes procedimentos médicos ou de outros profissionais, sem que nenhuma palavra lhes seja oferecida para explicá-los. Temos também outra face dessa situação. Alguns profissionais oferecem aos pacientes, sem nenhuma restrição e sem reflexão sobre os efeitos, diagnósticos de doenças incuráveis ou hipóteses diagnósticas, como a de Alzheimer, que são verdadeiros decretos de morte para o sujeito, apostando que a verdade deva ser dita, não importa como. Muitas vezes o sujeito não quer saber por que nestes casos o não saber os protege contra uma destituição insuportável.

Apesar do crescimento vertiginoso da população idosa, ainda são incipientes os conhecimentos e estudos sobre a velhice tal como ela se apresenta em nossos dias. A velhice de séculos passados ou de nossos avôs não é a mesma de hoje, porque, evidentemente, sofremos os efeitos de toda a produção de saber atual. As pesquisas em torno dos processos da vida, o desenvolvimento da tecnologia, os estudos sobre os efeitos de algumas substâncias, os conhecimentos da biogenética, da biologia molecular e de outros ramos afins incidem sobre o modo de se apresentar a velhice hoje. Muito do que se acreditava ser sintoma do envelhecimento de 40 anos atrás já não se constitui hoje da mesma forma.

Se viveremos mais dados os diferentes efeitos das descobertas científicas e de várias técnicas, não seria esperado que os sintomas imputados ao envelhecimento em décadas passadas não fossem também repensados? Nem sempre é o que ocorre. É comum escutar frases do tipo: "Depois dos 40, 50 anos começam mesmo as perdas de memória, fadiga, desânimo, tonteiras... O corpo não é mais o mesmo, deve-se acostumar", imputando à idade cronológica uma série de sintomas. Não há como negar os efeitos da passagem do tempo e da idade cronológica, mas não envelhecemos da mesma forma, e justificar os sintomas com base na idade é tirar a responsabilidade do sujeito na formação dos mesmos.

Existem duas posições subjetivas encontradas na velhice e que podem se unir. Em uma predomina a negação do envelhecimento e das modificações inevitáveis do corpo, sendo qualquer mudança interpretada como mau funcionamento corporal ou doença. São sujeitos que passam de uma consulta médica a outra à procura de diagnósticos de supostas alterações corporais.

De outro lado o acento recai sobre o envelhecimento, negligenciando o cuidado com o corpo com a fatídica frase: "É a velhice!". Isso nos lembra o protagonista de *Memórias de minhas putas tristes*, de García Márquez (2005, p. 12-13), na véspera de completar 90 anos.

> Nunca pensei na idade como se pensa numa goteira no teto que indica a quantidade de vida que vai nos restando. [...] Comecei a me perguntar quando tomei consciência de ser velho, e acho que foi pouco antes daquele dia. Aos quarenta e dois anos havia acudido ao médico por causa de uma dor nas costas que me estorvava para respirar. Ele não deu importância: é uma dor natural na sua idade, falou.
> – Então – disse eu – o que não é natural é a minha idade.

Não é raro os sujeitos se depararem com a primeira ideia negativa de velhice após uma visita médica. Afonsina (69 anos) nunca havia pensado em sua velhice, sentia-se bem com seu momento, seu corpo e não achava que isso poderia ser um problema, até uma consulta médica, por causa de uma intervenção cirúrgica a ser feita na vista. Foi tomada de surpresa quando a médica, ao falar dos exames pré-operatórios, salientou que deveriam ser realizados com todo o cuidado, pois com "sua idade...". Até então não havia pensado "sua idade" como um problema.

Afirmar o que é natural em se tratando de sujeitos é sempre muito complicado. Se assim não fosse, teríamos uma velhice igual para todos: simplesmente o organismo se tornaria velho a partir de determinada idade e saberíamos exatamente o que esperar disso. O "organismo" sem um sujeito é uma abstração. Existem várias indicações do envelhecimento saudável que tocam os hábitos de vida, os laços sociais e uma vida equilibrada com projetos e satisfação em viver, mas elas não podem garantir por si mesmas uma velhice saudável, pois nenhuma regra recobre a singularidade de cada envelhecimento.

É interessante que depois de terminada a escrita deste capítulo, há alguns meses, li no jornal *Folha de S. Paulo*[1] uma reportagem curiosa, que interroga de forma bem radical várias das proposições sobre o envelhecimento/velhice sadios. A matéria em questão versa sobre a população de um pequeno povoado, Vilcabamba, no Equador, onde se encontra a maior porcentagem de pessoas centenárias do mundo; dez vezes mais que a média mundial. O que fazem essas pessoas para viverem bem mais de 100 anos com saúde, trabalhando e com vida sexual ativa? Segundo o artigo, essa é uma população que fuma, bebe frequentemente aguardente, come muito sal, faz uso de muito café

---

[1] A esse propósito, ver: *Folha de S. Paulo*, 13 nov. 2008, caderno Equilíbrio.

e, para completar, utiliza uma erva tóxica e alucinógena. Muitas hipóteses e teorias foram levantadas: água, alimentação (milho, batata, vegetais e pouca carne) e vida tranquila, mas nenhuma delas foi comprovada ou justifica essa longevidade saudável. De toda forma não é uma população tomada pelas indicações de "viver saudavelmente"; apenas vivem, e não sabemos até que ponto isso não incide também na resposta do corpo.

Ao contrário do que se observa nessa região, vivemos sob os auspícios e o fantasma de uma velhice com doenças. A tendência contemporânea é de engessar vários sintomas à velhice. O medo de envelhecer ancora-se na perspectiva de um encontro inevitável com um corpo decrépito, uma vida inativa e dependente dos outros. Pensar a velhice sob um destino tão funesto não colabora em nada com a responsabilidade subjetiva sobre sua tessitura, e a tendência, ao contrário, é de fazer uma má acomodação, deslocando para o corpo uma série de sintomas.

> Foi a primeira vez que pensei na minha idade em termos de velhice, mas não tardei a esquecer o assunto. E me acostumei a despertar cada dia com uma dor diferente que ia mudando de lugar e forma, à medida que passavam os anos. Às vezes parecia ser uma garrotada da morte e no dia seguinte se esfumava. (MÁRQUEZ, 2005, p. 13)

Se a velhice passa a ser o álibi para tudo, qual seria o álibi para a vida? Escutando idosos em análise, principalmente com a clínica de pessoas acima de 90 anos, e na vida cotidiana, observo, cada vez mais, que cada um trata a velhice em conformidade com seus traços, seu desejo de mudança e suas reservas psíquicas e emocionais. Todavia, ressaltamos novamente que os discursos veiculados na cultura, sua maneira de conceber a velhice são fatores importantes sobre as formas de a velhice se apresentar. Não obstante, os idosos que valorizam o saber de si, escrevendo a vida atual com a experiência e o saber acumulados, renovando-os com novos saberes, traçam destinos diferentes às mudanças corporais, são mais críticos e atentos às prescrições médicas, participam ativamente delas, dando boas acomodações ao corpo que envelhece.

Alguns idosos, infelizmente, agarram-se aos sintomas corporais como resposta às questões impostas pela velhice, cultuando a via medicamentosa como estratégia para remediarem a dor de existir. Em geral são sujeitos que nunca suportaram muito as mudanças, têm dificuldades excessivas com os laços e os lutos, vivem na queixa e com dificuldades de realizarem projetos.

Vivemos na contemporaneidade, com suas facilidades e dificuldades em torno da maneira de conceber e tratar a velhice; portanto, só nos resta responder a ela com os meios que nos são próprios, mantendo um olhar crítico sobre os discursos e nos apropriando, na medida do possível e sempre de forma particular, daquilo que foi desenvolvido por nossa época concernente ao tratamento do corpo. Hoje se pode usufruir de técnicas para o cuidado do corpo e para o tratamento de algumas modificações e reduções do tônus muscular, da marcha e do desempenho corporal, como os recursos fisioterápicos e outras práticas como yoga, pilates, acupuntura, hidroginástica e musculação, que refletem também em outras funções. Além disso, atividades corporais antigas, como a natação, a dança, as massagens e a caminhada, ganham valor diferente, já que contribuem para o convívio e os laços sociais, o que reflete também no estado geral do idoso.

Corpos esculpidos pelo tempo

Na obra de Marcel Proust, *Em busca do tempo perdido* (1994), em especial no volume intitulado *Tempo redescoberto*, com o olhar cuidadoso sobre a escrita que perpassa cada um, a partir de seus traços, o autor toca com acuidade a questão do tempo, da memória e do corpo que envelhece. O leitor entrevê diferentes espelhos trazidos pela velhice, sua relação com o tempo que passa e a dificuldade para alguns em se reconhecerem na imagem envelhecida.

Destacaremos de *O sujeito não envelhece* um trecho especial que vale ser retomado sob outra perspectiva. Trata-se do reencontro de amigos, alguns dos quais não se viam desde muitos anos. O protagonista espanta-se de imediato ao ser tratado como "senhor" pelo mordomo, quando jamais havia se visto como idoso. Pouco a pouco as imagens trazidas por cada um, causando-lhe o estranhamento, remetem-no à própria imagem. Através dos espelhos oferecidos pelos outros, conclui que a velhice também chegara para ele.

> [...] No primeiro instante, não entendi por que vacilava em reconhecer o dono da casa, os convidados. [...] Espantou-me, no mesmo momento, ouvir chamar de duque de Châtelleraut um velhote de bigodes prateados de embaixador, no qual só o jeito de olhar, sempre o mesmo, permitiu-me reconhecer o moço encontrado numa visita à sra. de Villeparisis [...] Eu sobretudo, que desde a infância só vivia do momento presente e formara de mim e dos outros uma impressão definitiva, apercebia-me afinal, diante das metamorfoses sofridas pelos outros, do tempo sobre eles decorrido, revelação perturbadora, pois significava que também para mim passara. [...] Pude contemplar-me, primeiro espelho fiel que se me deparava, nos olhos dos velhos que a meu exemplo se acreditavam jovens [...] não verificamos nosso próprio aspecto, nossa própria idade, mas cada um, como um espelho, refletia os dos outros. (PROUST, 1994b, p. 191-199)

Tempo invisível, dirá Proust (1994b, p. 194) que "para deixar de sê-lo, vive à cata dos corpos e, mal os encontra, logo deles se apodera a fim de exibir a sua lanterna mágica". Tempo que marca traço a traço, silenciosamente e incisivamente, o corpo e sua imagem com rastros que não se apagam.

Marguerite Yourcenar faz do tempo um grande escultor, esculpe tudo, até mesmo aquilo que parecia incorruptível como o material duro e forte das belas esculturas. Elas também se modificam com o tempo, "[...] sofreram, a seu modo, o equivalente da fadiga, do envelhecimento, da infelicidade. Modificaram-se como o tempo nos modifica" (YOURCENAR, 1985, p. 55).

Essas modificações, todavia, não se processam uniformemente para todos os sujeitos, não retiram os traços anteriores, apenas os interpreta, dando-lhes outros contornos. Para alguns as interferências do tempo inserem-lhes formas diferentes de beleza, mesmo que estejamos sempre acostumados ao padrão ditado pela juventude.

Proust (1994b, p. 202) atribui a esse "artista tempo que trabalha muito lentamente" as modificações que interpretam os "modelos", agora envelhecidos, por vezes embelezando a idade, oferecendo-lhe formas mais robustas. Para alguns, o artista esculpiu de tal forma as marcas que elas se alinham perfeitamente às anteriores; para outros, esse trabalho atém-se a torná-los apenas reconhecíveis. Há ainda aqueles para os quais as mudanças na imagem se processam tão penetrantes que se torna difícil reconhecer o original. Mesmo nesses casos prevalecem traços singulares: maneira de olhar, sorrir, falar, andar, mantendo intactas nuances do selo original.

As diferentes imagens detalhadas por Proust percorrem pormenores que, tocando o mais visível e um real difícil de suportar, não deixam de causar incômodo. Por outro lado, expô-las constitui-se uma forma de encontrar destinos possíveis e contingentes a isto que não se apaga: as marcas do tempo sobre o corpo. O autor retrata o desconforto com frases que tentam ignorá-las: "Mas você está sempre o mesmo, pode-se garantir que não mudou nada", ao que Proust (1994b, p. 199) comenta:

> [...] se lhe parecia extraordinário eu me ter conservado mais ou menos como antes, era porque muito tempo se passara [...] "você é espantoso, sempre moço", expressão melancólica visto que só tem sentido se estivermos, de fato senão na aparência, velhos.

De toda forma não envelhecemos de uma só vez e, muito menos, desacompanhados de todos aqueles que nos cercam: "Partindo da idéia de que os outros ainda eram os mesmos, achamo-los velhos. Mas se nos capacitarmos de que são velhos, reconhecemo-los, não os julgamos muito acabados" (Proust, 1994b, p. 214).

O fato de envelhecermos muito lentamente, traço a traço, torna difícil a apreensão da imagem envelhecida. Talvez as mudanças corporais sejam mais visíveis do que aquelas projetadas na imagem, mas não há uma regra. Entre o que se dá a ver e o visto reside a miopia, as distorções do olhar e da imagem que cada um carrega de si mesmo. Percebemos mais claramente o envelhecimento nos outros; velho é sempre o outro no qual não nos reconhecemos. Entretanto, de repente, o envelhecimento pode ser percebido por uma foto, um olhar fortuito no espelho, um encontro com um rosto conhecido que não se via há anos. Tais encontros, como vimos, podem causar inquietação e estranheza.

Lembro-me do meu pai aos 80 anos diante de uma foto na qual estavam ele e minha mãe; não teve nenhuma dificuldade em reconhecê-la idosa, mas perguntou com estranheza como ela podia estar na foto ao lado de seu pai, morto havia muitos anos.

Ao que Proust (1994b, p. 214) acrescentaria: "Pois a minha dificuldade em ajustar o nome certo às fisionomias alheias parecia partilhada pelos que me olhavam como se nunca me tivessem visto, ou tentassem evocar, pelo aspecto atual, outro bem diferente". E pergunta-se: como poderiam captar-lhe a velhice se permanecia sem cabelos brancos, o bigode ainda preto? Que traço a distingue apesar de todas as tentativas e artifícios para apagá-la? Calendários, casamentos de filhos de amigos, netos, silhuetas e fisionomias estranhas de conhecidos... Indícios de um tempo transcorrido nem sempre facilmente assimilável, pois a velhice, acentua Proust (1994b, p. 201), "[...] de todas as realidades, talvez seja aquela da qual conservemos até mais tarde uma idéia puramente abstrata". O que acentuaríamos, pois junto do decurso do tempo persiste um sujeito que jamais envelhece e desconhece em seu inconsciente a passagem do tempo.

A estranheza apresenta-se também diante de imagens mantidas jovens não obstante o transcurso do tempo. Toda imagem imobilizada no tempo, se chega ao exagero, compõe uma pintura tão falseada e em desacordo com o resto do corpo que o quadro exibido não é jamais harmônico.

> Tão milagroso era o aspecto da sra. De Forcheville que nem poderia falar em rejuvenescimento, e sim reflorescimento, conseguido à custa de carmins e tintas ruivas. [...] E, justamente porque não mudara, não dava a impressão de viver. Parecia uma rosa esterilizada. (Proust, 1994b, p. 215-216)

Por ironia ou talvez para não deixar dúvidas de que o invisível do tempo penetra sempre o corpo e a imagem, o autor acrescenta na sequência de suas impressões:

> Não devia, coitada, manter-se em forma por muito tempo. Menos de três anos mais tarde [...] eu a veria, não caduca, mas um tanto enfraquecida mentalmente, incapaz de esconder sob a máscara impassível o que pensava – mas talvez nem pensasse –[...]. (Proust, 1994b, p. 216)

Em relação à incidência do tempo sobre os homens o autor acrescenta:

> Se pela pintura algumas mulheres confessavam a velhice, esta se patenteava, ao contrário, pela ausência de artifícios nos homens em cujos rostos eu não a notara expressamente, e que entretanto, pareciam mudados porque, desesperando de agradar, já não se enfeitavam. (Proust, 1994b, p. 203)

Visão pessimista da velhice? Com certeza, Proust nos exibe imagens por vezes duras, adentrando sem reservas as minúcias de um corpo que envelhece, tocando sem pudor isso que se evita dizer. Ao mesmo tempo, escrever, falar, tocar as entranhas do real constituem-se certo tratamento ao que não se apaga. Como não vivemos apenas inscritos nesse impronunciável – ainda bem – tecemos nossa vida também impregnada de ficções, imagens, lembranças e ilusões que perduram para além do tempo que corre. Este, modificando as imagens e os corpos, não muda aquelas que guardamos deles. O que persevera do vivido ajuda a suportar as marcas das esculturas corroídas pelo tempo.

Esculpindo, pintando ou escrevendo, o tempo, enlaçando a vida, enlaça também a velhice. No melhor dos casos, esse enlaçamento fará com que o tempo passado possa ser reescrito, remodelando ou retocando o tempo presente.

> [...] e a diversidade dos pontos de minha existência por onde passara o fio de cada uma dessas personagens acabara por emaranhar os mais distantes, como se a vida possuísse um número limitado de fios para executar os mais variegados desenhos. (Proust, 1994b, p. 233)

Capítulo IV

De uma memória que não se apaga

Primeiras indicações sobre a memória

*A vida não é o que a gente viveu, e sim a que a gente recorda,
e como recorda para contá-la.*

Gabriel García Márquez

Essa é a epígrafe de *Viver para contar* de García Márquez, e não é sem razão que nos servimos dela como primeira referência para se pensar a memória. Estão aí duas de suas principais características. Primeiro que ela se constitui de marcas que não se apagam, mas que nem sempre podem ser lembradas ou lembradas totalmente. Segundo não tem relação direta com os fatos; nas impressões e lembranças que retornam encontram-se a forma de cada um perceber, interpretar, imaginar ou assimilar as experiências vividas.

Existem no funcionamento da memória três vertentes que se entrelaçam: os traços marcados das experiências vividas, pensadas, sentidas ou imaginadas, a força da impressão desses traços e os efeitos do tempo sobre eles. Mesmo não desconhecendo a importância das heranças genéticas, hereditárias e dos eventos cerebrais, bioquímicos, fisiopatológicos e moleculares envolvidos na memória, nosso enfoque será, sobretudo, a memória subjetiva.

Partimos do pressuposto de que a memória não se restringe a um simples fato biológico. Tomada nesta vertente não seria possível explicar uma série de lapsos e distúrbios passageiros, algumas formas de lembranças e sensações que não morrem, mas não podem ser lembradas. O biológico e anatômico sofrem continuamente a interferência do sujeito; diversos sintomas e patologias podem surgir diante de situações de perdas graves e muitos são superados depois.

Para Henri Bergson (1859-1941) a memória não se constitui apenas do armazenamento de dados ou de um mero arquivo do passado; encontra-se intrinsecamente ligada à vida, suspendendo ou inibindo as lembranças. A ideia de um presente sem ligação com o passado seria uma ficção. Isto nos faz compreender porque alguns transtornos da memória apresentam-se ao sujeito como insuportáveis, já que em alguns deles prevalece uma mistura entre passado, presente e futuro. Para esse autor, no funcionamento da memória predomina os efeitos do passado no presente e não a regressão do presente ao passado, pois é na ação que ela se presentifica (BERGSON, 2001).

Ele distingue duas formas da memória se apresentar, a memória-hábito e a memória propriamente dita. A primeira refere-se a atos que, pela repetição sistemática, tornam-se fixados e memorizados. Constitui-se, por exemplo, de várias atividades do cotidiano: andar de bicicleta, dirigir carro, nadar, ligar e desligar coisas, etc. A memória propriamente dita relaciona-se à intensidade com que são vividas as experiências. Esta memória compõe-se de marcas e se liga essencialmente ao afeto, enquanto a memória-hábito pode se perder quando o hábito não é exercitado por longos anos, sendo possível recuperá-la pelo esforço de uma nova aprendizagem.

Proust, em sua obra *Em busca do tempo perdido*, especialmente em *O tempo redescoberto*, coloca em cena dois tipos de memória. A primeira, memória voluntária, assemelha-se ao que foi descrito por Bergson como memória-hábito: "Certamente podem-se prolongar os espetáculos da memória voluntária, não demandando esforço maior do que o folhear um livro de figuras" (PROUST, 1994b, p. 154). Ao contrário desta, a outra memória – marcada por impressões arcaicas que não morrem, apresenta-se por algumas impressões como odor, som, gosto, textura ou vestígios que, reescrevendo experiências passadas e dando-lhes uma sensação de atualidade – entrelaça o passado com o presente e o futuro, como se o tempo que passa deixasse de imperar. Esses traços que perduram dão a ideia de que o tempo não passou e, se pensarmos bem, convivemos com essa impressão cotidianamente.

A filósofa Marilena Chauí (2000, cap. 3), resgatando o conceito de memória coletiva e social, retoma o lugar da memória para os antigos gregos, em especial para os mestres da retórica que criaram métodos de memorização, memória artificial, fundando a "Arte da memória". Ao fazê-lo, compara essa memorização ao que se passa nos dias de hoje. Segundo a autora, enquanto a ideia de memória artificial dos antigos assentava-se na capacidade do sujeito de memorizar, a memória artificial dos tempos atuais confere às máquinas esse poder, e, nessa direção, haveria hoje um despojamento da memória com efeitos sobre o funcionamento da memória individual.

Memória nos tempos atuais

Como foi abordado no capítulo anterior, estamos sob o imperativo do novo, com desvalorização da história, da tradição e da memória. Fato a ser pensado, pois é exatamente nos tempos atuais que o mal de Alzheimer surge como um fantasma contra o envelhecimento saudável. O convite de que tudo circule e se esvaneça em um tempo mínimo, sob a transitoriedade na relação com o outro, os objetos e as atividades, tem efeitos sobre o sujeito. A nova ordem social provoca a formação de alguns sintomas, pois estes se constituem também respostas ao mal-estar gerado em cada época.

Hoje, cada vez mais, os sujeitos são convidados a cederem sua diferença em prol de uma única forma de viver. Isso que não se retém e passa rápido encontra-se ligado, como salienta também Marilena Chauí, à formação de alguns transtornos de memória. É comum, por exemplo, a presença cada vez maior de diagnósticos de hiperatividade em crianças. Convidadas a passarem rapidamente de uma atividade a outra, podem responder acelerando demais, já que o tempo é também da desmedida, sem permanecerem de fato nas atividades e nas relações com os outros. Podem também, ao contrário, permanecerem inertes, hipnotizadas diante de alguns aparelhos durante horas, tecendo laços com os objetos e o campo virtual.

Se tudo deve passar rápido, se a história não tem importância e se a experiência não é validada, inaugura-se uma barreira contra a retenção e a atualização da memória. A memória necessita de um intervalo, de um tempo para que algo seja retido. Com dificuldades de se inserirem na nova ordem, muitos idosos agarram-se a um tempo, o passado, no qual sentiam-se sujeitos e construtores de uma história. Claro que essa não é a única causa subjetiva para os transtornos de memória, mas tem sua importância.

Outro efeito da obsolescência rápida dos objetos sobre os idosos refere-se à dificuldade de absorção das novas maneiras de funcionamento da memória artificial impostas à memória subjetiva. Uma analisante de 72 anos, ao se deparar com alguns de seus esquecimentos, acentua sua dificuldade em gravar números de telefones celulares, que, ao contrário do que ocorre com os telefones fixos, não têm uma lógica. A faculdade de reter relaciona-se também às estratégias particulares de memorização às quais cada um se adapta. Uma nova lógica de combinação de números impõe um reordenamento dessas estratégias ou, como ela afirma, é como "ter de aprender tudo de novo".

A lógica dominante no mundo atual – informatizado, cibernético, com diferentes jogos eletrônicos e programas facilmente assimilados pelos jovens – impõe a uma geração não educada nesse contexto uma adaptação nem sempre facilmente assimilada. Somos cotidianamente convocados a memorizar uma gama enorme de senhas para acessar a mais simples transação bancária. Ao mesmo tempo, uma vez escolhida uma senha, somos convidados a mudá-la frequentemente para salvaguardar o sigilo. Juntando-se a isso, o idoso que sempre tende a escolher como senha números ligados à sua história – datas de nascimento, telefone, etc. – é orientado a não fazê-lo, pois são facilmente descobertas. Na nova ordem de memorização impera o corte com a história. O apelo à memória instantânea se une à desvalorização para fatos antigos, considerada muitas vezes inútil.

Além disso, nesse tempo que corre e parece não dar tréguas, a informatização expõe a todo o momento uma ganha enorme de notícias, como se o mundo realmente se transformasse tão rápido e não valesse a pena reter nada, pois cada fato será substituído por outro. Outra analisante, de 90 anos, conta que na casa onde mora com filhos, nora e netos chegam diariamente dois jornais, mas ninguém os lê verdadeiramente, "passam os olhos por cima e lá vão eles para o lixo". Estranha essa "leitura dinâmica", pois acostumada à reflexão e às leituras pelo prazer de ler, não consegue entender esse ritmo tão rápido de leitura, indagando-se como as pessoas podem se adaptar a tanta pressa.

A que o filósofo Walter Benjamin (1983, p. 61-62) acrescentaria: a informação "[...] reduz-se ao instante em que era nova. Vive apenas nesse instante, precisa entregar-se inteiramente a ele, e, sem perda de tempo, comprometer-se com ele". Se tudo se torna instantâneo, vem e passa rápido, nada se retém como memória. À maneira das caixas de correio dos computadores que devem ser esvaziadas deletando-se o conteúdo para que novas mensagens possam chegar, o leitor das informações a serem consumidas é convidado diariamente ao esquecimento, a se ausentar do que lê. Na escrita jornalística, por exemplo, é considerada uma boa escrita aquela que consegue "[...] excluir rigorosamente os acontecimentos do contexto em que poderiam afetar a experiência do leitor" (BENJAMIN, 1983, p. 31).

Paradoxalmente, o mundo moderno nos coloca constantemente diante de um real difícil de suportar, com exposição de cenas e notícias sem nenhuma barra, como se, anestesiados, nenhum choque fosse possível. A tentativa de fazer desaparecer o imponderável ou de mostrá-lo como se fosse natural traz efeitos paradoxais. De um lado, cenas realmente duras são expostas como se fossem naturais e, de outro, deve-se viver como se o imponderável não existisse. Estranhar, admirar, sentir, ser tocado, sofrer e dar destinos ao sofrimento apresenta-se na vida atual de maneira paradoxal. Como respostas aos tempos atuais, presenciamos sujeitos enlouquecidos com a falta de tempo, correndo atrás do tempo e sem tempo. Este se torna um objeto a ser consumido como outro objeto qualquer. Tempo escasso para o repouso, para devanear, sonhar, ler, contar, silenciar... e sem eles de que se alimenta a memória? Atualizar, renovar, modernizar-se em um tempo cada vez mais curto impõe uma forma de memorização alheia à memória subjetiva, que demanda um intervalo para que a retenção se processe.

Todavia, a nostalgia de um tempo passado e que não retorna não se constitui uma boa resposta para enlaçar a memória no tempo. Alguns idosos procuram se adaptar ao tempo que passa colhendo pontos com os quais se alinham, mas preservando suas diferenças. Outros se agarram a um tempo passado, e esse recuo não abre espaços à atualização da memória.

A história não se apaga, as marcas não se desfazem no tempo, mas sofrem a incidência do temporal, tudo o que passa no decurso do tempo. Cabe a cada sujeito encontrar maneiras de incluir sua diferença, oferecendo novas versões disso que da memória jamais se apaga. Não é possível anular o presente e viver do passado, pois ele jamais retorna da forma como foi vivido, mesmo se pelas lembranças permaneça intacto: "[...] o tempo que muda os seres não altera as figuras que deles guardamos" (PROUST, 1994b, p. 244).

Memória e imutabilidade

Na mitologia grega, Mnemosyne (a memória) é uma deusa que deu a luz a nove Musas protetoras das Artes e das Ciências e oferecia aos poetas e adivinhos o poder de retornarem ao passado e, dessa forma, contribuir para que a História não se perdesse, pudesse ser recontada e imortalizada. A junção entre recontar e registrar pela escrita demonstra a importância da memória para preservar os rastros do tempo. Sem memória não haveria uma produção de saber que gerasse evolução.

Ainda na mitologia, Kronos, deus do tempo, devora seus filhos, devora aquilo que criou, não da trégua, avança. O tempo consome o homem, é ineluctável. Domar a passagem do tempo sempre fez parte do anseio humano, talvez rumo à imortalidade. Mas se não tivéssemos esse corte no tempo, o que seria de nosso futuro? Qual seria o destino do desejo se não houvesse um limite? O que seria da memória se ali não habitasse um intervalo, para que os traços marcados pudessem ser depois revisitados e ganhassem um sentido?

Por outro lado, se a memória é a única forma de transportar e preservar o passado no tempo que corre, ela tem de se atualizar interligando os tempos. Uma memória que parasse no tempo seria como Zora, cidade de um dos contos de *Cidades invisíveis* de Italo Calvino. Zora é uma das cidades da memória, e sua marca é a permanência.

> Quem a conheceu não a esquece, pois se pode recordá-la ponto por ponto, de cor. Uma cidade eterna e imutável: [...] seu segredo é o modo pelo qual percorre as figuras que se sucedem como partitura musical da qual não se

pode modificar ou deslocar nenhuma nota [...] obrigada a permanecer imóvel e imutável para facilitar a memorização, Zora definhou, desfez-se e sumiu. Foi esquecida pelo mundo. (CALVINO, 1998a, p. 19-20)

A imutabilidade da memória remete à morte, à nostalgia de um passado imaginariamente muito bom em detrimento de um presente sem desejo. Semelhante a um cartão postal de uma cidade antiga: ele a representa, mas não expõe sua imagem atual. Para além dos "cartões postais" de cada parte da memória, ela tem um curso, como um rio que, não apagando suas margens e sua nascente, corre, e cada água que brota leva junto a anterior e com ela continua seu curso.

No dizer de Lúcia Castelo Branco (1995, p. 165):

> [...] a memória é sobretudo perda, é resto, é fragmento; que sob o gesto de olhar para trás, um outro gesto tem lugar na rememoração: o movimento de saída, de invenção, de ruptura com o passado e de trajetória em direção ao inevitável futuro a que nos lança qualquer ato de linguagem. Por isso a memória é também exílio: para sempre abandono do lugar de origem, absurdo retorno ao lugar de onde nunca saímos.

Lembranças que encobrem e desvelam

Para Freud ([1896], 1977) há três tempos que se entrelaçam e formam a memória. No primeiro encontram-se os traços ou marcas do que foi percebido ou vivido; são traços inconscientes e os mais arcaicos da memória. Alguns, mesmo impedidos de serem lembrados, exercem influência sobre as vivências e associações posteriores. Isso nos indica que, uma vez marcada, a experiência sentida, vivida ou imaginada não se apaga. Como foi assinalado no primeiro capítulo, antes de poder ler, falar e dar sentido à sua história, cada um foi inscrito de diferentes maneiras na vida, e isso está registrado na memória. Todavia, nem tudo pode ser lembrado; há uma seleção do que se lembra. No dizer de Borges (1999, p. 69), "[...] Ninguém lembra a primeira vez em que tomou gosto por uma fruta, talvez porque fosse muito pequeno e não soubesse que estava inaugurando uma série muito longa. Naturalmente, há outras primeiras vezes que ninguém esquece".

No segundo tempo da constituição da memória encontram-se traços que podem ser lembrados e surgem como lembranças, sensações, imagens, sonhos, associações e sintomas, mas sempre de forma parcial e disfarçada. No terceiro tempo situam-se os traços de memória ligados às palavras; são lembranças que podem ser nomeadas.

Algumas consequências podem ser colhidas dessas indicações. Os primeiros traços, uma vez marcados, não se perdem jamais e não se alteram com a passagem do tempo. Não obstante, eles fazem novas combinações a partir do curso da vida. Isso implica que a memória é uma função sempre em movimento e novas inscrições e traços se ligam aos já existentes, podendo provocar novos sentidos para o sujeito.

Como me relata Anne (75 anos):

> Pensei outro dia que tinha um cemitério na cabeça e cheio de pessoas mortas e cheio de mortos-vivos. Vejo minha cozinha, sobretudo porque ela eu conheço – como eu mesma –, cheia de pessoas mortas, e que nós podemos, eu e ela, nos falar, somos as duas únicas no mundo a saberem disto. Esses mortos estão do outro lado do espelho, mas presentes. Essa nostalgia não é, no entanto, mórbida. Nós temos lembranças frequentemente muito engraçadas. Isso me dá a impressão muito justa da existência de um tempo medido, contado e que passa, mas que é ainda aqui presente, forte.[1]

Se os traços, uma vez marcados, não se perdem jamais, tese freudiana de 1896 e confirmada pela biologia moderna, por que não conseguimos nos lembrar de todos eles? A resposta freudiana é muito precisa: não nos lembramos de tudo porque há uma barreira à recordação, uma proteção do aparelho psíquico contra o excesso de sofrimento. Imagina se assim não o fosse e todas as experiências desagradáveis e traumáticas retornassem sem nenhuma barreira? O tempo permite um tratamento a muitas lembranças que doem, e a barra imposta às lembranças atua impedindo que elas retornem de forma direta. Lembramos de fatos e experiências sob um limite, barreira que Freud nomeou "recalque".

As lembranças sofrem também os efeitos das fantasias, das novas inscrições e do sentido que o sujeito dá depois àquilo que retorna. A memória não é, portanto, uma reprodução exata dos fatos ocorridos. É impossível reproduzirmos as vivências; estas sofrem distorções das fantasias e da passagem do tempo.

O cheiro que brota de uma panela fervendo o feijão, a espuma de um café com leite pela manhã, o barulho da pipoca estourando, o cheiro vindo do mato, as cores de uma parede desbotada e outras marcas inscritas no corpo, pelos cantos da casa, nas ruas, não importa onde, fazem parte de nossa memória. Ao tentarmos trazer de volta algum sabor, odor, cor ou textura de outra época, somos surpreendidos, pois mesmo conservando os elementos que compunham a cena tornam-se outros, não têm a mesma localização da lembrança, e o café com leite espumante de outrora pode se transformar hoje em um café morno e sem graça. Por outro lado, experiências atuais

---

[1] Em 12 de julho de 2008.

produzem ecos na memória inscrita no corpo. Como se expressa García Márquez (2007, p. 31):

> Assim que provei a sopa tive a sensação de que um mundo inteiro adormecido despertava na minha memória. Sabores que tinham sido meus na infância e que se havia perdido desde que saí do povoado reapareciam intactos em cada colherada e me apertavam o coração.

O presente torna atual o passado, mas como as lembranças não são reproduções, traduzem o vivido sob a perspectiva do presente. Nas quase 500 páginas de suas memórias, García Márquez nos traz diferentes matizes da memória, assinalando como eles são repletos de fantasias, idealizações, temores e outros sentimentos com os quais cada um dá sentido às suas experiências.

Muitas lembranças de nossa infância retornam mesclando épocas e personagens. Tal fato é abordado por Freud no conceito de "lembrança encobridora",[2] junção entre lembrar e esquecer. Nessas lembranças, cenas em geral muito precoces da infância e imagens aparentemente irrelevantes misturam-se a outras imaginadas ou escutadas de relatos dos outros. Imagens nítidas de uma época se misturam às de outras épocas, com relevância a pormenores que suprimem cenas mais importantes.

Nessas lembranças operam duas forças, uma tentando lembrar a cena marcante e outra se opondo a ela. Há uma reconciliação de tal sorte que as duas possam atuar conjuntamente; a experiência relevante, e em geral dolorosa, só retorna de forma disfarçada em elementos aparentemente sem importância. Quando analisados, esses elementos sem importância mostram íntima relação com a lembrança mais importante, trata-se de uma forma de lembrança indireta.

Nesse sentido Freud afirma que só temos *lembranças relativas à nossa infância* e versões posteriores dela, não lembranças de nossa infância exatamente como ocorreu. Há deslocamento de uma associação para outra. Muitas vezes não é possível se lembrar do momento de uma perda muito dolorosa, mas recorda-se de um detalhe dele; por exemplo, um simples vaso sobre a mesa, que tem relação direta com a perda. Mesmo encobridoras, essas lembranças são importantes, pois trazem marcas de um passado que retorna sempre, oferecendo indícios essenciais de como a história foi sendo escrita.

---

[2] Sobre as teorizações de Freud a respeito desse conceito, ver: FREUD, Sigmund: Lembranças encobridoras, v. III, A interpretação dos sonhos, caps. II e IV, v. IV, e Lembranças da Infância e lembranças encobridoras, v. VI, Leonardo da Vinci e uma lembrança de sua infância, v. XI, da *Edição Standard Brasileira das Obras Completas de S. Freud*.

"Falso" e "verdadeiro" convivem simultaneamente e não se contradizem no funcionamento da memória e de todos os mecanismos do inconsciente. Toda mentira guarda uma verdade da fantasia, e isso pode ser facilmente observado em mentiras contadas por crianças. Assim, o que a memória registra é atravessado por percepções, sensações, sentimentos, projeções, emoções e fantasias, demonstrando uma maneira tendenciosa em seu funcionamento: "[...] o que a memória reproduz não é aquilo que deveria corretamente ter sido reproduzido, mas outra coisa serve de substituto" (FREUD [1901], 1976, p. 69).

Mas como confiar nessas lembranças e no funcionamento da memória se elas mostram a verdade por meio de falsificações? Freud oferece uma indicação, recorrendo à analogia entre as lembranças encobridoras e a "crônica" dos povos da antiguidade. Cito-o:

> Enquanto as nações eram pequenas e fracas, não cuidavam de escrever a sua história. Os homens lavravam suas terras, lutavam com seus vizinhos defendendo sua sobrevivência [...] dedicavam-se a conquistar territórios [...]. Seguiu-se outra época da reflexão [...] sentiam uma necessidade de saber de onde tinham vindo e como haviam evoluído. Os relatos históricos [...] voltam-se então para o passado recolhendo lendas e traduções, interpretando os vestígios [...] costumes, e usos, e dessa maneira criou-se uma história do passado. [...] muitas coisas já haviam sido esquecidas enquanto outras haviam sido distorcidas e alguns remanescentes do passado eram interpretados erradamente. (FREUD [1910], 1970, p. 77-78)

Nem por isso, conclui, devemos desprezar a história, pois ela carrega a verdade de cada povo e os auxilia a compreender o presente. Como a história, nossa memória compõe-se de traduções, interpretações, sensações, histórias contadas, escutadas, imaginadas... "Escrever é tantas vezes lembrar-se do que nunca existiu. Como conseguirei saber do que nem ao menos sei? Assim: como se me lembrasse" (LISPECTOR, 1999, p. 24).

Como se expressa Éclea Bosi (1987, p. 335):

> O encontro de um amigo que se tenha sentado nos mesmos degraus nos traz uma espécie de euforia e tranqüilidade. Deixamos de ser, por um momento, os visionários da cidade antiga que só existia em nós, e que, de repente, ganha a sanção de uma testemunha [...]. O mapa de nossa infância sofre contínuos retoques à medida que nos abrimos para outros depoimentos.

A ficção entrelaça-se à realidade e à vida. Mas o que é um fato vivido? Sob qual olhar podemos julgá-lo? Essas perguntas seguiriam mais e mais complexas se refletirmos o quanto daquilo que nós contamos, pensamos, lembramos e escrevemos como nossa história, em verdade, apesar de fazer parte de nossa vida, nunca ocorreu exatamente e completamente como foi registrado ou lembrado. Nem por isso menosprezamos esses fatos e lembranças. Tudo o que advém como lembrança e vestígios de vivências faz parte de nosso enredo. Menosprezando essas lembranças "[...] cometeríamos uma injustiça tão grande como faríamos se desprezássemos o conjunto de lendas, tradições e interpretações encontradas na história primitiva de uma nação" (FREUD, [1910] 1970, p. 78).

Em um artigo publicado em novembro de 2005 Luís Costa Lima traz algumas considerações que tocam essas reflexões:

> Alguém já deve ter escrito: só na velhice, aquele que se dedica a uma atividade intelectual pergunta-se radicalmente sobre em que ela consiste. [...] Mas, por que há de esperar pela velhice para que busque por suas raízes? Porque, enquanto foi jovem, tinha tarefas outras e mais imediatas. Desde logo, de acumular conhecimentos que o tornassem progressivamente mais competente e realizar pesquisas, que, no melhor dos casos, apresentassem a parcela com que ele próprio contribuiu para o saber de sua área. Além do mais, enquanto jovem, sua dedicação era dividida por outros interesses [...]. É só na velhice que a dispersão de interesses poderá diminuir bastante de modo a permitir a pergunta: que é exatamente isso que sempre procurei fazer e entender?[3]

Faz-se necessário um intervalo para que a escrita da memória faça sentido, mesmo que ela tenha se iniciado bem cedo para cada sujeito. Quais foram as primeiras palavras ouvidas, sentidas? Como ficaram registrados os toques do Outro, seu cheiro, voz e olhar em nosso corpo-memória?

Só depois buscamos sentidos para a origem de muitas de nossas lembranças, só depois temos as palavras para tentar nomeá-las, mas, quando as temos, já não podemos trazer de volta o passado, da forma que ele possa ter ocorrido. Muitos traços permanecem como uma memória original, sem acesso direto do sujeito, ressurgindo parcialmente por pequenos vestígios, nos sonhos, uma paisagem que nos toca e não sabemos o motivo, um odor que nos envolve ou repugna, o olhar que abre uma fissura por onde penetram vários sentidos, sentimentos e associações.

A memória é nossa primeira experiência do tempo; entretanto, desse tempo primordial só podemos ter acesso pelo que dele retorna por pequenos detalhes. Toda tradução que damos ao que retorna é também uma interpretação. A vida caminha por vias pelas quais o que foi vivido tornou-se marca e fez-se memória. Só depois de passado um tempo algumas experiências vividas tomam um sentido, e na velhice alguns sentidos retornam com força.

---

[3] Luiz Costa Lima é professor titular de Literatura Comparada da UERJ e da PUC-RJ. Autor de 17 livros de ensaios, publicados em 2003. Sobre esse artigo ver: <http://www.pacc.ufrj.br/literatura/polemica_costalima.php>, publicado em 27/11/2005.

Contar e recontar histórias são formas de traduzir as experiências, trazê-las para o presente, relendo-as com a vida atual. Recontar é reescrever o vivido. A rememoração permite compreender o passado, e algo novo pode advir:

> [...] a recordação faz-nos respirar de repente um ar novo, precisamente por ser um ar outrora respirado, o ar mais puro que os poetas tentaram em vão fazer reinar no Paraíso, e que não determinaria essa sensação profunda de renovação se já não houvesse sido respirado [...]. (PROUST, 1994b, p. 152)

Ao contrário do que se pode interpretar como o tempo da velhice, um passado sem o laço com um futuro, a que muitos idosos também se agarram, Proust faz dele um tempo a ser redescoberto, relido. De forma similar, para Costa Lima a velhice é a passagem do tempo que permite extrair consequências do feito, abrindo novas perspectivas ao desejo que anima cada "pesquisa" na vida. Em seu caso, foi dedicar-se a uma pesquisa inédita que talvez estivesse já no fundo de sua pergunta inicial da obra *Porque Literatura*. Se 38 anos depois ele pode reler sua obra é porque o tempo impõe "re-edições", e algo novo pode se abrir.

Uma coisa é recordar, contar, reviver o tempo, revitalizando-o no presente e extraindo dele consequências para a vida atual, outra é viver no passado desenlaçando-se do presente e do porvir. No passado imóvel a memória não encontra trilhas para caminhar. Consentir que o passado recubra com o calor de suas lembranças o presente, retirando daí impressões vivas dos traços que não morrem e perduram no tempo, é uma das vias por onde a escrita da memória se revigora.

Reviver no presente as evocações que este traz do passado, é também dar a elas novos timbres de afeto, e, nesses casos, o corpo se revitaliza. Mas isso não se efetua simplesmente mantendo-se a rotina, isolando-se ou lamentando-se de um passado que não volta mais. Ao contrário, é muitas vezes na mudança de hábitos, na busca de novas paisagens, na revisitação de lugares amados, no encontro com pessoas, na participação em eventos e em pequenas delícias do dia-a-dia que o bom tempo pode ser redescoberto.

Dificuldades com a memória

Muito se fala sobre as dificuldades do funcionamento da memória na velhice, principalmente concernentes à vida atual. Realmente há idosos para os quais o passado é o ponto de apoio; podem se lembrar facilmente de cenas passadas, com detalhes minuciosos, datas, mas não se lembram de muitos fatos recentes. Esse tipo de transtorno é constatado pela medicina, sem, contudo, haver uma teoria que a explique. Não se conhecem ainda todos os mecanismos moleculares e cerebrais atuantes no que o discurso médico nomeia envelhecimento cerebral: patologias apresentadas por alguns idosos. Isso implica que o envelhecimento cerebral atinge uma parcela de idosos contra outra, bem maior, que vive sem tais patologias.

Há consenso entre os pesquisadores sobre o fato que no funcionamento da memória atuam inúmeros fatores. Causas genéticas conjugam-se com o meio ambiente, com hábitos de vida, incluindo atividade intelectual, metabolismo, problemas psíquicos, emocionais, estresse, sono deficiente, angústia, depressão, falta de vitamina B12, B1, alcoolismo, alterações da tireoide, excesso de tranquilizantes e antidepressivos por um tempo demorado e deficiência de algumas substâncias cerebrais.

Entre os estudos sobre essas substâncias encontram-se o de Elissa Epel, psiquiatra da Califórnia (2005) citada por Quagliato (2006) relacionando o estresse psicológico a um encurtamento dos telômeros e à aceleração do envelhecimento. Os telômeros são extremidades livres de um cromossomo que, relacionados à capacidade de multiplicação celular dos tecidos, contribuem para a reposição das células mortas. Lazar, psiquiatra em Harvard, citada também por Quagliato, estudando um grupo de pessoas que praticavam yoga e meditação, observou que essas práticas contribuíam para aumentar a espessura do córtex cerebral em pessoas idosas, pois atuam na cognição e na sensação de bem-estar. Citamos apenas esses dois estudos, mas há inúmeros trabalhos que demonstram a influência das emoções, do bem-estar e de atividades que, reduzido o estresse, auxiliam o bom funcionamento da memória.

De toda maneira, mesmo que se possa falar de envelhecimento cerebral e modificações da memória, isso não iguala todos os idosos e, muito menos, implica, mesmo para o discurso médico, que em função de tais alterações, o envelhecimento seja acoplado à senilidade, ou seja, às patologias do envelhecimento. A maioria dos idosos, mais de 80% segundo dados de vários autores pesquisados,[4] a diminuição da capacidade de reter e recuperar os registros processa-se de forma branda, sem afetar a vida social.

Alzheimer: o grande fantasma do envelhecimento

A demência de Alzheimer foi descrita em 1907 por Alois Alzheimer, mas só na década de 1970 passou a ser mais detalhada do ponto de vista

---

[4] As estatísticas utilizadas são as internacionais, mas acredita-se que sejam também válidas para o Brasil. A propósito remetemos o leitor a duas obras: LÉGER; TESSIER; MOUTY (1994) e KHALSA; STAUTH (2001). Para leituras mais técnicas: KAPLAN; SADOCK (1984) e CANÇADO (1994).

anátomo-patológico. Caracteriza-se clinicamente pela perda neuronal, provocando inicialmente a perda da memória atual, seguida de afasia, dificuldade para nomear, causando grande desconforto, em suas fases inicial e intermediária, às pessoas afetadas, pois elas percebem o distúrbio. Há progressivamente a falência da memória, com efeitos sobre outras funções como atenção, consciência, percepção, localização espaço-temporal, podendo provocar déficit cognitivo, distúrbios de linguagem, de humor, depressão, agitação, delírio, alucinação, perda de crítica e outros sintomas.

Essa demência é causada pela deficiência de um neurotransmissor denominado de acetilcolina, combinada com outros eventos bioquímicos e fisiopatológicos. Já existem alguns medicamentos que buscam retardar a evolução da doença, mas ainda não há cura.

Pesquisas em universidades no mundo inteiro indicam algumas substâncias que podem ativar a síntese de acetilcolina, como lecitina, vitaminas do complexo B, ginkgo biloba, ginseng, aminoácidos (fenilalanina e triptofano), minerais (magnésio, zinco, manganês), alguns lipídeos essenciais (como fosfolipídeos, especialmente a fosfatidilserina), ácidos ômega 3, entre outros. Na Umea University (Suécia) e no Departamento de Geriatria do Hospital Whittington, de Londres, alguns estudos apontaram, por exemplo, uma melhora na memória com o uso do ginkgo biloba. No Brasil a Universidade do Rio Grande do Sul tem estudado também a marapuama com um princípio ativo no aumento da acetilcolina nos neurônios.[5]

Observa-se ainda que várias plantas pesquisadas ou citadas como estimuladoras do sistema nervoso central atuam também sobre a libido, dando a entrever uma relação entre libido, afeto e memória.

Como salientado, para 80% a 90% dos idosos a diminuição da capacidade de reter e recuperar os registros processa-se de forma branda. Dos 15% a 20% restantes que apresentam alteração, pelo menos a metade apresenta a demência de Alzheimer, ou seja, 6%-10%. Não entraremos na discussão dos dados estatísticos, malgrado torna-se evidente que a gravidade desse problema a ser conduzido por nossa época não atinge grande parte dos idosos.

Outros estudos buscam extrair os fatores de risco causadores do Alzheimer. Constituem-se de uma gama enorme de hipóteses não comprovadas, incluindo fatores genéticos, hereditários, meio ambiente, instrução, sexo, modo de vida, alimentação, etc. Uma das hipóteses é o aumento da taxa de

---

[5] A propósito, ver SILVA (2006) e PESQUISA FAPESP (2004).

alumínio; todavia, não se sabe se poderia ser um efeito ou uma causa, pois outras pesquisas mostram taxas elevadas desse elemento no organismo sem a apresentação dessa síndrome.

A maior incidência entre as mulheres também não é comprovada, já que as mulheres vivem mais, e isso modifica os dados. A prevalência em pessoas com menor escolaridade também carece de comprovação. A nosso ver, o mais interessante nesse dado não é o nível de escolaridade em si, mas a plasticidade neuronal ligada a pessoas que utilizam mais algumas funções cerebrais. Isso pode nos indicar por que alguns idosos com idade avançada e com vida intelectual ativa não apresentam em geral essa patologia.

Todavia essa não se constitui uma regra geral, como é o caso da escritora Iris Murdoch (1919-1999), representado no filme *Iris* (2001), dirigido por Richard Eyre e baseado no livro escrito por seu marido John Bayley. Iris Murdoch foi uma das principais romancistas da sua época e quando terminava seu último livro, aos 76 anos, apresentou os primeiros traços de Alzheimer. Inicia-se por esquecimentos que se estendem ao campo das palavras e progressivamente à perda da noção espaço-temporal, o passado invadindo o presente, e outros sintomas igualmente graves. A perda da memória é marcada inicialmente pela perda das palavras. Angustiada, tenta reter o inevitável. Fácil imaginar o que representa para uma escritora perder aquilo com o qual tece a vida: "sem as palavras não é possível pensar", afirma.

O que pode provocar nesse sujeito a ação devastadora dessa doença depois de passar a vida toda – escreveu 25 livros – inserida em uma intensa vida intelectual? O filme não se abre a essa interrogação, pois se trata de um elogio do marido à amada e escritora, talvez como forma de abordar a situação avassaladora que se encontrou. Temos apenas um curto diálogo entre os dois no qual ele acentua que desde algum tempo ela estava diferente, retraída e enigmática. Não sabemos o significado em sua vida desse estado subjetivo, como se encontrava antes da doença, sua maneira de viver, pois no filme ressaltam-se o inesperado e o insuportável da perda dos laços que sustentavam sua vida.

Além dos fatores de risco assinalados, existem outros, mas também sem resultados experimentais comprovados, como a exposição ou a ingestão de substâncias tóxicas como álcool, chumbo, solventes orgânicos, medicamentos diversos, trauma craniano, exposição à radiação, infecções, doenças imunológicas, câncer, níveis de colesterol, estrógeno, tabagismo, entre outros fatores bastante díspares, incluindo ainda o estilo de vida e o estresse. Há alguns autores que, alinhados também a uma concepção psíquica, indicam uma possível associação entre Alzheimer e a depressão.

Tantas hipóteses sobre as possíveis causas dessa demência acentuam a complexidade de seu tratamento. Se são tantos os fatores que podem provocar sua alteração, podemos trazer apenas algumas reflexões, como tentativa de leitura com base no que já indicamos ao longo do livro. Pretendemos apenas problematizar alguns pontos advindos da clínica e do contato com idosos, sem nenhuma pretensão de desenvolvermos uma teoria sobre o surgimento do Alzheimer. Tomaremos como ponto de partida para nossas reflexões essa última hipótese, a depressão, já que alguns autores consideram-na um ponto importante de desencadeamento.

Perdas não elaboradas e Alzheimer

Mesmo que sejam hoje comuns os diagnósticos de depressão, principalmente para os idosos, na clínica nem sempre é fácil verificar apenas pelos sintomas, sem escutar cada caso, se se trata de um estado depressivo ou um processo de luto diante de alguma perda. Nem sempre o sujeito sabe nomear com clareza a causa de sua tristeza e nem toda tristeza, é um estado depressivo.

O luto, como assinalamos, é uma espécie de trabalho diante de alguma perda real ou imaginária, seja de alguém, de um ideal ou lugar ocupado. No luto o sujeito se coloca a trabalho, tentando elaborar o que perdeu e como perdeu. Chora, lamenta-se, culpa-se, quer encontrar uma causa para a perda, revolta-se e se entristece. Uma vez feito o luto, ele encontra-se novamente livre para outras escolhas na vida. Apesar de o luto perpassar nossa vida desde que nascemos, já que estamos sempre a perder algo, na velhice ele é um imperativo; não existe velhice sem trabalho de luto.

O mundo moderno abre pouco espaço para o luto. Os lutos são evasivos, caem muitos dos rituais pelos quais as pessoas expressam a dor, principalmente diante da morte. Mas isso não impede que a dor se apresente e seja necessário um tempo para que o sujeito entenda o que perdeu e encontre formas de continuar a vida. Tudo isso não é sem consequências para a velhice, pois à medida que envelhecemos, perdemos mais pessoas, sofremos modificações importantes no corpo, na imagem e nas relações com os outros, sendo-nos imposto um trabalho de luto intenso e contínuo. Diante de tantas perdas que abrem por vezes verdadeiros buracos, só nos resta contornar com palavras. Falar, chorar, contar e recontar histórias em torno do que se perde são maneiras de tratar o avassalador. O trabalho psíquico do luto abre as vias de substituição às perdas.

Lutos não elaborados levam a estados depressivos e desinvestimentos no mundo. Perdas muito fortes na velhice, sem o trabalho de luto, podem levar à retirada maciça dos laços com os outros, com efeitos diretos sobre a memória. Para Messy (2002), lutos mal-elaborados diante das perdas, ódio à imagem apresentada pela velhice e que retorna sobre o corpo, isolamento, restrição de laços sociais e falta de investimento no mundo são fatores importantes na constituição do Alzheimer. O sujeito, desenlaçando-se das possibilidades de expandir seu desejo, precipita-se numa espécie de autodestruição que toma toda a cena da vida e uma espécie de morte em vida começa a imperar.

De minha experiência clínica, apesar de não serem tantos os casos de Alzheimer atendidos e que pudessem ter um valor estatístico, extraí algumas reflexões que tocam um ponto crucial: mesmo que não se possam negar os efeitos, ainda não comprovados, dos fatores genéticos, bioquímicos e celulares, entre outros já citados, partimos da hipótese de que os traços de herança podem sofrer destinos diferentes a partir da vida que cada um tece, e o desencadeamento passa pelo sujeito a partir de um ponto no qual todas as possibilidades de defesa são ineficazes. Pressupomos, então, que os fatores genéticos podem tomar ou não força diante da singularidade de cada um, com suas capacidades de enfrentar as perdas, elaborar lutos e fazer substituições.

Dona Corália (94 anos)[6] acentua que depois da perda do marido, há quatro anos, começou a esquecer os nomes das coisas. Do que ela não quer se lembrar? Diante da pergunta, não hesita na resposta: não quer se lembrar que o marido morreu! Afásica para alguns nomes cotidianos, tenta enlaçar com muitos fios sua história de amor, tempo que não se apaga, à vida que continua. Como falar na falta dos referentes? Como pensar sem as palavras? Insiste em falar pelas lembranças, mas não todas; não quer se lembrar da perda, mas apenas do que vive do objeto amado.

Talvez como García Márquez (2005, p. 14) acreditamos que seja um triunfo da vida "que a memória dos velhos se perca para as coisas que não são essenciais, mas raras vezes falhe para as que de verdade nos interessam". Ou como Yourcenar (1983, p. 17) que acredita que"[...] a memória dos homens assemelha os viajantes fatigados que se desfazem das bagagens inúteis a cada pausa do caminho". Mas não é possível desfazermo-nos de toda bagagem, e algumas são sempre mais necessárias do que outras. "Se ao menos pudesse sonhar com ele!", exclama dona Corália. Tempo real do sonho, em que o marido pode retornar tal como foi, sem os limites do tempo que corrói algumas lembranças. Mesmo com afasias esse sujeito agarra-se às lembranças que lhe

---

[6] Encontro realizado em abril de 2007.

interessam, e isso não o deixa sair do tempo. Apesar dessa falha na memória que advém com força desde essa perda tão dolorosa, ela consegue alinhavar sua vida sob as marcas tecidas de uma relação de amor que perduram pela casa, nas relações com os filhos e amigos.

Para outros, ao contrário, na falta do espaço para o luto – o buraco aberto com as perdas, marcadas inicialmente, sobretudo no corpo, com buracos substanciais sobre a consistência imaginária e sob um predomínio de um real sem o amparo das palavras e de atos para tecerem o luto – impera a demissão dos tempos, sem atualização da memória.

Dos casos atendidos e escutados em supervisão que tinham o diagnóstico de Alzheimer, alguns apresentavam uma história com períodos depressivos importantes e dificuldades significativas em lidar com o luto. Na maioria dos casos o marcante foi uma perda significativa e irreparável para o sujeito, sem um trabalho de luto adequado. Lembramos que "perda" aqui não se refere apenas a algo tangível, pode ser de um ideal, de um laço importante, uma frustração ou uma decepção diante das quais o sujeito não encontra amarras para conduzir. Em alguns casos foi possível supor o desencadeamento ligado à morte de um ente muito próximo, ao diagnóstico de uma grave doença, à perda da marcha, à perda da visão, à perda do lugar social sem luto e substituições. Constituem-se de pontos que tocam um insuportável, demandando um intenso trabalho de luto.

O diagnóstico de Alzheimer é como uma sentença de morte para o sujeito, mobilizando uma angústia muito intensa. Na família, gera sentimentos de tristeza, desamparo, impotência, com efeitos de destituição significativa sobre o sujeito. Isso por si só impõe uma árdua luta do sujeito contra o que se avizinha, causando, na maioria dos casos, uma retirada maciça dos investimentos libidinais. A nomeação dá existência ao que foi nomeado; cai o nome e o sujeito com seus traços, desejos, sonhos e sua história, para imperar a doença. Ser "portador" de Alzheimer acarreta sérias consequências. A primeira é de retirar da pessoa qualquer decisão como cidadã, vigiá-la e impedi-la de exercer por vezes as tarefas mais simples.

Deve-se atentar para os efeitos dessa condução, bem como dos erros de diagnóstico; nem todos os casos diagnosticados com essa síndrome o são realmente. Nessa direção, Messy (2002, p. 172) acentua que o diagnóstico formal só pode ser dado após a morte com a autópsia, estranhando, não sem razão, a facilidade com que se apresenta ao paciente ou à família um diagnóstico irreversível que só traz como consequência a ideia de que, já que não há cura, não há também nada a ser feito.

Da mesma forma que encontramos excesso de diagnósticos de depressão em idosos, expandem-se aqueles com "suspeita" de Alzheimer. Na maioria das vezes basta um indício de alguma alteração cerebral – exposta por sofisticados exames de ressonância magnética, que são interpretações e, portanto, sujeitas a erros – para que toda uma rede de cuidados ou de controle seja posta em cena, mesmo que clinicamente o sujeito não apresente absolutamente nada que possa indicar de antemão o início do Alzheimer. A suspeita desse diagnóstico só deveria ser anunciada se às alterações laboratoriais se somassem as alterações clínicas do paciente.

Sr. Antônio (84 anos) chega ao atendimento, trazido pela família, com diagnóstico de Alzheimer. Não sai mais de casa sozinho, pois se perde facilmente. Reclama da falta de liberdade, afirmando sentir-se um prisioneiro dentro da própria casa; não pode ir de um cômodo ao outro sem que alguém esteja por perto a vigiar seus atos. Lamenta seu estado atual, pois havia perdido tudo. Esse "tudo" refere-se à liberdade de gerir sua vida, mesmo em atividades simples, e de não poder mais andar por onde quisesse. Perdera desde alguns anos a gerência dos negócios, antes mesmo do diagnóstico de Alzheimer. Lamenta-se de não poder mais administrar seus bens, que passaram aos filhos, mas considera inevitável.

No início dos atendimentos encontra-se meio confuso, repetindo fatos fragmentados de sua história, como se ausente deles. Às queixas do estado atual de sua vida misturam-se pequenas histórias, repetidas durante vários encontros, nas quais sobressai sua relação com o trabalho. Ao recontar os feitos de outrora sua fala se modifica, e uma expressão de alegria surge como um fio ligando-o à vida. Nada diz de si que não tenha uma relação íntima com o trabalho e o esforço para construir seu patrimônio. Aos poucos tomam a cena algumas lembranças da infância e da adolescência nas quais ele se encontrava às voltas com algum perigo ou dificuldade que sempre conseguia enfrentar. Que risco de vida se impunha agora com mais veemência do que esse de ver desaparecer sua condição de sujeito? Essas lembranças de experiências, trilhas conhecidas de outrora, lhe servem de anteparo à devastação reinante no dia a dia, indicando-lhe alguma luz sobre aquilo de que se avizinhava em sua vida atual.

Da vida atual nenhum prazer com os afazeres domésticos convocados pela família a realizar, como forma de se ocupar. "Não havia se habituado a eles", afirma certa vez. Como tecer sem as marcas que enlaçavam seu desejo? Como se "ocupar" sem fazer algum tipo de amarração com o trabalho? Era pela via de outro trabalho que retomava alguns fios para tecer com a vida.

Não qualquer trabalho, mas aquele no qual se via enlaçado como sujeito e que marcou sua história de vida.

Nessas lembranças que retornam, contadas sempre da mesma forma em diversos encontros, pinça o desejo de retornar à "lida" da roça, trabalho que exerceu antes de se mudar para a cidade que e marcara de forma veemente sua infância. Uma intervenção é feita com a família no sentido de apoiar o projeto de ele passar pelo menos dois dias no sítio. Não importa muito quais tarefas serão desenvolvidas por ele, mas sim que ele possa escolher pequenas atividades, alguns pontos de prazer que se enlacem aos seus pontos de identificação, diferentemente das tarefas domésticas as quais não ama. A família acolhe a sugestão, mesmo reafirmando o "sem saída" do Alzheimer, seus esquecimentos, o prognóstico, a dificuldade em executar tarefas nesse lugar, enfim, colocações que apenas realçam os pontos conhecidos sobre a patologia e nada em relação ao sujeito.

Inicia-se o período no qual ele passa de dois a três dias da semana no sítio da família. A cada encontro retoma com entusiasmo a vida nesse lugar, trazendo fotografias para comprovar mais de perto suas sensações. Ao falar dos dias que passava no sítio, é como se outra versão de sua história começasse a ser construída, escrita, com efeitos visíveis sobre sua forma de concatenar os pensamentos, levando-nos à interrogar o diagnóstico de Alzheimer. Sobre isso nenhum retorno familiar, apenas a reafirmação do inevitável que viria com a passagem do tempo. Diante do Alzheimer, Antônio permanecia esquecido.

Nas férias de julho ele passa três semanas sem atendimento, e poder-se-ia suspeitar, em caso de Alzheimer, um apagamento dos encontros e do que se fazia ali. Todavia, retoma o último encontro, relatando com entusiasmo suas atividades atuais no sítio, admirando a destreza dos jovens para executarem tarefas que ele já não conseguia mais realizar, mas que um dia também fora capaz. Não há nesses relatos nenhuma lamentação do perdido, ao contrário, para ele é um espetáculo para se ver e recontar. Aos olhos da família, todavia, ele apenas desempenhava tarefas sem nenhuma importância. Os pequenos progressos eram interpretados apenas como um passa-tempo da *via crucis* de um tempo que não daria tréguas; o Alzheimer varreria tudo aquilo. Nada se sobrepunha ao fatídico diagnóstico, e a família decide-se pela retirada dos atendimentos, já que, para tão pequenos avanços, não valia muito o esforço. O desenlaçamento com o tratamento ocorre à revelia de qualquer intervenção.

Não se pode afirmar o que seriam essas pequenas amarrações diante dessa patologia e entende-se o desalento familiar, já que do "fim" eles já sabiam, mesmo que o final de Antônio, esse sujeito, ninguém poderia com certeza predizer. Não sabemos quais seriam os efeitos desses encontros e das pequenas tarefas realizadas no sítio diante da devastação do Alzheimer, mas é preciso apostar ainda, apesar do prognóstico de um destino funesto, que algo do sujeito luta, e é com isso que podemos nos enlaçar. Diante do prognóstico do "sem cura" talvez sejam frágeis esses pequenos laços com os quais o sujeito tece sua vida, mas ali algo vive, pulsa, e é nisso que vale apostar.

Isso me evoca um fato contado por uma irmã que trabalha em um asilo no País de Gales. Trata-se de uma senhora com diagnóstico de Alzheimer e que parece acordar de um sonho quando, em certa manhã, encontra por um acaso outro asilado, um senhor também bem idoso, e o identifica como seu marido, morto há muitos anos. Tal equívoco não incomoda esse senhor, que pelo contrário, acolhe com prazer a demonstração de amor e carinho. Aceita ser o marido morto, e começam a passar o dia todo juntos, ele cuidando dela. A instituição, como toda instituição, interroga-se sobre o que fazer caso os dois resolvam dormir juntos, sobre como conduzir aquela situação inédita, já que a cada manhã ela acordava interrogando por que o marido não havia dormido com ela e exigindo sua presença. Disso ela não se esquece a cada novo encontro, pelo contrário, é um ponto fixado no qual se agarra.

Quais são as escritas possíveis no Alzheimer? Nem sempre é possível lê-las, mas, de toda forma, esses casos, como outros escutados, alertam-nos para os efeitos da libido sobre a memória e os efeitos dos traços fundamentais nessas escritas.

Assinalamos que grande parte dos idosos ressente-se de mudanças de ambiente, principalmente de residência. Não é incomum que filhos ou outros membros da família, muitas vezes querendo proteger o idoso, promovam mudanças bruscas e radicais em sua rotina, seu modo de vida e sua moradia sem que ele participe de maneira efetiva da decisão. Escutei casos nos quais imediatamente após a mudança de moradia sobrevieram um proeminente estado depressivo e transtornos na memória. Não se pode desconsiderar que a memória se constitui, sobretudo, por lembranças, afetos e marcas que povoam também o ambiente no qual a pessoa habita. Estar em um lugar no qual reconheça pequenos matizes de sua história é fundamental, e o novo, simplesmente por ser "novo" não é algo desejado por muitos idosos. Ao contrário, eles necessitam preservarem também pelos objetos pontos de identificação e reconhecimento.

No Alzheimer as mudanças são ainda menos suportadas, dada a ausência de cobertura e proteção que a memória sempre porta. A memória não apenas permite enlaçar os tempos, mas é ela que promove e dá permanência aos laços, trazendo a sensação de continuidade do tempo. Em muitos casos, é claro, torna-se inviável não modificar alguns caminhos na vida do idoso, mas ao fazê-lo torna-se essencial que este seja o primeiro a consentir. Para isso faz-se necessário um tempo para que ele se alinhe às novas perspectivas. Mudanças rápidas e sem um tempo para que sejam compreendidas acarretam desenlaçamentos, por vezes, profundos, com perdas nem sempre assimiladas.

Nessa patologia ocorre exatamente uma mistura dos tempos, com prevalência no final dos traços mais fundamentais de cada sujeito. Observa-se que no final dessa *via crucis* dos tempos, vários sujeitos retornam ao tempo do balbucio, pequenos sons conhecidos, pequenas letras tocadas como música, frases escutadas, traços que marcados não morrem jamais e se encontram ainda disponíveis, tentando costurar de alguma maneira aquilo que se esgarça.

Se o sujeito se desenlaça ou é desenlaçado de um ponto importante de sua vida e não encontra substituições eficazes e prazer em viver, ele não tem também por que se lembrar. Esquecer e desenlaçar pode ser a via escolhida inconscientemente como forma de tratar o insuportável. No Alzheimer a primeira memória a ser afetada é a atual, passando depois a um comprometimento de outras funções e uma confusão do tempo. Passado, presente e futuro tornam-se misturados, sem distinção e meios de nomeação. Mas nem todos os transtornos de memória são indícios dessa patologia.

Tempo e memória

[...] o ruído da colher no prato, a desigualdade das pedras, o sabor da madeleine fazendo o passado permear o presente a ponto de me tornar hesitante, sem saber em qual dos dois me encontrava; na verdade, o ser em mim então gozava dessa impressão e lhe desfrutava o conteúdo extratemporal, repartido entre antigo e o atual, era um ser que só surgia quando, por uma dessas identificações entre o passado e o presente, se conseguia situar um único meio por onde poderia viver, gozar a essência das coisas, isto é, fora do tempo. (PROUST, 1994b, p. 152)

Vestígios do passado no presente, o presente revitalizando o passado e o tempo vivido. Isso que Proust nomeia "extratemporal" assemelha-se a um tipo de laço entre os três tempos – passado, presente e futuro –, de tal forma que o passado enlaçado ao frescor do instante abre trilhas por onde caminha o futuro. Esse "fora do tempo" talvez seja a mais precisa vivência do tempo. Se o gosto da pequena *Madeleine* (espécie de biscoito típico de Nancy, na França), o pisar no calçamento irregular, os ruídos e cheiros de outrora lhe serviram naquele momento para acalmar os temores da morte, foi porque, ali, pôde encontrar uma boa consonância entre suas lembranças e uma vivência de tempo que não aniquila, mesmo transformando as lembranças.

Essa ideia de tempo como "extratemporal" evoca a concepção de Heidegger (1979, p. 265) de "presentar", *Dasein*, traduzido também como "ser-aí". Resumidamente diremos, a partir de nossa interpretação desse complexo conceito, que o "presentar" é um entrelaço entre o tempo e o ser. Isso significa que a presença carrega em si o passado e o porvir. A presença do ser se afirma, acentua esse filósofo, exatamente quando o ser assume seu passado com projetos para o futuro.

Heidegger expõe ainda uma distinção entre os conceitos de "tempo" e "temporalidade". O tempo não é, ele se dá, não é uma sucessão linear de acontecimentos.

> Dizemos "agora" e pensamos no tempo. Mas em parte alguma do relógio que nos indica o tempo encontramos o tempo, nem no mostrador nem no mecanismo. Tampouco encontramos o tempo nos cronômetros da técnica moderna. Impõe-se a afirmação: quanto maior a perfeição técnica, isto é, quanto mais exatos no efeito da medição, tanto menor será a oportunidade para meditar sobre o que é próprio do tempo. (HEIDEGGER, 1979, p. 263)

O temporal é aquilo que está no tempo e é determinado por este, mas inscreve-se no transitório, o que passa no decurso do tempo.

A memória, sendo o instrumento fundamental que permite ao sujeito conjugar o que passa no decurso do tempo com um tempo que jamais morre, exige ser atualizada. Atualizar é dar novos contornos ao vivido. Se o tempo primordial pelo qual o sujeito se constitui não pode ser apreendido, temos dele interpretações posteriores. Para a psicanálise há um tempo que se dirige ao passado e um tempo que se dirige ao futuro. A atualização se dá tanto nisso que retorna do passado no presente quanto no inverso, do presente no passado com abertura às novas inscrições. Essa concepção de tempo é bastante original, pois é um tempo que, caminhando para trás, permite inaugurar algo novo.

Podemos resumir que a memória, primeira apreensão do tempo, é aquilo que conjuga o que passa no tempo com um tempo marcado em cada um e não morre. Pensando assim, os problemas da memória são problemas relativos ao tempo, seja de um passado que incide tomando a cena, e deve ser tratado, seja de um presente que não abre brechas para que o tempo circule; em ambos os casos uma espécie de congelamento impede a atualização. Nas palavras de Fernando Pessoa (2006, p. 328):

> Não sei o que é o tempo. Não sei qual a verdadeira medida ele tem, se tem alguma. A do relógio sei que é falsa: divide o tempo espacialmente, por fora. A das emoções sei também que é falsa: divide, não o tempo, mas a sensação dele. A dos sonhos é errada; neles roçamos o tempo, uma vez

prolongadamente, outra vez depressa, e o que vivemos é apressado ou lento conforme qualquer coisa do decorrer cuja natureza ignoro.

Dona Maria Angélica (100 anos),[7] nascida no interior de Minas, Curvelo, descreve uma infância feliz, tranquila, farta de coisas boas que parecem ter alimentado toda sua vida. Aos 100 anos tem a memória intacta, é vivaz, ama a vida, não faz uso de nenhum medicamento – fato raro entre os idosos de hoje, quase sempre excessivamente medicados – e tem como um dos pontos de apoio de sua vida atual as boas lembranças construídas na infância, com as quais conduz bem o imponderável e o movimento necessário à vida. Em sua idade já presenciou muitas mudanças e perdas, mas conseguiu fazer o luto com boa acomodação no movimento do tempo.

Em 1950 muda-se da vida tranquila de Curvelo para Belo Horizonte: "Foi uma boa troca, pois meus filhos precisavam trabalhar, e no interior não tinha emprego, e outra vida começou aqui, não estranhei". O marido não se adapta e retorna à cidade natal, visitando-a de vez em quando. Acabam se separando, pois ele encontra outra mulher, com a qual tem dois filhos. Sua resposta diante disso foi extrair da perda algo de bom: "Assim foi mais tranquilo, não tinha mais ninguém para proibir coisas, implicar com os filhos". Já perdera também três dos dez filhos, ressentindo-se, sobretudo, da perda do caçula.

Em 2005 tem transtornos passageiros de memória, associados a um estado depressivo, fazendo uso de antidepressivo por um período, talvez o tempo necessário também à elaboração de mais lutos. Nessa mesma época a filha que morava com ela tem um derrame, sendo necessário levá-la para uma casa de idosos. Com todos os filhos já também idosos, a família opta por deixá-la três dias da semana em uma instituição para idosos, onde poderia participar de várias atividades e ser cuidada. Ressente-se da perda da casa, das mudanças de situação, mas consegue se adaptar: "Não tenho mais nada e agora vivo em casa de filhos, netos, mas aproveito bem isso. Não penso mais".

Gosta da instituição para idosos, mas reafirma, todas as vezes que é convidada a falar do local, sua preferência por estar com a família e a saudade que sente quando está longe deles, mas aceita o necessário: "Fico agora mais assentada, não posso andar como antes, mas adoro dançar. Fico assentada esperando as boas coisas, o que vem... o carinho que recebo dos filhos, netos, bisnetos". Descreve com um prazer muito grande os detalhes de sua infância,

---

[7] Entrevista realizada em Belo Horizonte em 19/07/2008.

a casa na qual morou e criou os filhos, os hábitos de vida, a alimentação, brincadeiras de infância com o gosto e a textura de quem os vivenciou dias antes. Nesse caso, os traços marcados que não morrem jamais encontram-se disponíveis e são atualizados, dando ao presente uma acomodação necessária às mudanças acarretadas pelo avançar da idade.

A velhice está no tempo que perdura e deixa marcas indeléveis a serem reinvestidas pela escrita da memória. Envelhecer é saber jogar com o tempo, acolhendo e reeditando essa escrita que não se apaga e habita no corpo, na imagem, nas lembranças e em tudo aquilo que toca de perto os traços marcados da memória. Dessa memória que não se apaga, muitas tessituras podem ser feitas, e a cada momento uma vige com mais vigor a partir dos fios e cores recolhidos no tempo que passa.

Para uma analisante, essa ideia de tempo surge a partir de uma série de associações resumidas por ela pela expressão: "agora ou nunca". Percebe que muitas das coisas que desejava e podiam ser realizadas eram adiadas a um futuro incerto. Aos 69 anos o "agora ou nunca" lhe advém como um tempo que, contingente, pode ser desdobrado por pequenas ações nas quais seu desejo está implicado. Momento no qual pode recolher o desejo no tempo de sua aparição, sabendo que outros momentos virão, mas jamais da mesma forma. Saber-se responsável pela tessitura de cada dia lhe advém com sensações inéditas de liberdade e escolha.

Saber-se responsável pela tessitura de cada dia permite à memória enlaçar de maneira singular os tempos. Escrever é saber compor com os traços da memória, enlaçando os tempos e suportando seus pontos indizíveis e intraduzíveis. Essa memória que não se apaga impõe uma escrita com laços do tempo. Para Llansol (*apud* CASTELO BRANCO, 2000, p. 55) a escrita "apazigua a velocidade aterradora do tempo".

> [...] era uma vez um animal chamado escrita, que devíamos, obrigatoriamente, encontrar no caminho; dir-se-ia, em
>
> primeiro, a matriz de todos os animais; em segundo, a matriz de plantas e, em
>
> terceiro,
>
> a matriz de todos os seres existentes.
> Constituindo-se por sinais fugazes, tinha milhares de paisagens, e uma só face,
>
> nem viva , nem imortal. Não obstante, o seu encontro
> com o tempo apaziguara a velocidade aterradora do tempo,
> esvaindo a arenosa substância da sua imagem.

Capítulo V

Sobre o amor e outros afetos

Sobre os temas propostos

Selecionei para este capítulo temas que, mesmo não sendo novos, trazem à tona questões que atravessam nossa época e se atualizam com o tempo. Amor, ódio, morte, sexualidade e solidão compõem um texto com direito e avesso entrelaçados pelos mesmos fios. É só virar a página, e lá está o amor acossado ao ódio, a sexualidade e a solidão à morte, a morte ao amor e ao ódio, e assim seguimos pela escrita dessas memórias que, não se apagando, deixam rastros inomináveis.

Partimos do pressuposto psicanalítico de que não existe nenhuma forma de civilização sem a geração de certo mal-estar, pois toda cultura se assenta sob a perspectiva do grupo, e não dos indivíduos isolados e, assim sendo, antepõe-se a muitos desejos e anseios pessoais. Nossa cultura atual gera um mal-estar específico, advindo de todo o avanço tecnológico, científico, material e social. Como foi salientado em outros capítulos a nossa época traz questões à velhice em especial pelo predomínio do novo, do gozo rápido, do narcisismo exacerbado, da desvalorização da história e da má distribuição dos bens. Mesmo que a forma de responder ao mal-estar seja sempre marcada pelo particular, nenhum sujeito é imune aos discursos e a tudo o que é produzido em sua época.

Como os temas escolhidos são altamente complexos, não temos nenhuma pretensão de dar a eles o tratamento que merecem.

Essa companheira solidão

A solidão é um afeto bastante presente em nossa época. O paradoxal é que sendo esta era marcada por um verdadeiro *boom* populacional, tecnológico e científico, com oferta de milhares de objetos produzidos e oferecidos à satisfação e ao conforto de cada um, nunca se falou tanto em depressão e solidão. Por que tantas irrupções de estados depressivos e queixas de solidão, quando tudo convida o sujeito a gozar sem os limites antes impostos e com promessa de felicidade? Como pensar em solidão em um mundo permeado de pessoas e com tantas facilidades tecnológicas para se comunicar?

De um lado encontram-se as queixas frequentes de solidão e isolamento e de outro o anseio pelos retiros, forma moderna de isolar-se do outro. A prática dos retiros espirituais, retiros para descanso e do cuidado com o corpo, retiros em spas destinados a uma população favorecida economicamente, tornou-se mais uma oferta de tratamento diante dos estresses causados pelo excesso das grandes cidades, incluindo, em alguns casos, o excesso de laços sociais. Uma coisa é certa: o homem moderno busca uma solidão dirigida, planejada e com um espaço de tempo determinado, prevalecendo, malgrado tantas pessoas em torno, o sentimento de uma má solidão. Quando se está verdadeiramente só e na solidão?

Há alguns anos veiculou-se na mídia uma série de reportagens que mostravam a busca de isolamento do homem moderno, com horror aos casamentos e ao compartilhamento de um espaço comum, mas o paradoxal dessas matérias era o fato de que tais sujeitos com bandeiras de liberdade e autonomia para gerirem suas vidas não estavam verdadeiramente sós. A maioria era casada com os objetos da moda: computadores, TVs, vídeos, jogos eletrônicos, sites para encontro, entre outras formas de laço que colocavam algum anteparo ao sentimento de estar só.

Com manias muito bem-estabelecidas, evitando o confronto com situações que a presença do outro sempre coloca em cena, uma prática comum a esses "sozinhos e satisfeitos" era ligar vários aparelhos quando se encontravam em casa como forma de reduzir o silêncio sentido como insuportável. Ligados continuamente ao Outro pelos objetos os mais diversos, expunham de várias formas a luta contra uma espécie de solidão.

Um dos casos que chamou a atenção nessa busca de individualidade foi de um casal de idosos. Compartilhando o mesmo quarto, cada um mantinha uma TV com fones de ouvido, uma pequena geladeira de cada lado da cama, assistindo ao programa escolhido, sem o desejo de compartilhar com o outro o que era exibido. Nesse caso específico, não estão sós, mas com certeza inaugura-se outra forma de isolamento em torno das bandeiras do individualismo, manutenção do espaço e liberdade de escolha, tão em voga no mundo atual. Ao mesmo tempo, presenciamos, a despeito dessas bandeiras e da tentativa de isolar-se do Outro, a queixa de falta de individualidade, acenando para uma busca da diferença que não implica o isolamento e a falta de laço social.

O homem moderno, parece, está cada vez menos aparelhado para estar só, viver só e encontrar uma boa solidão, malgrado todo discurso em torno do rechaço de relações amorosas e do contato mais íntimo com os outros. Estar só torna-se também sinônimo de abandono e falta de amor.

Estamos mais distantes dos momentos da infância, nos quais estar sozinho era marcado por um prazer indescritível, por onde o pensamento fluía e se experimentava, sem o controle dos outros, o mundo da imaginação e da fantasia, e sem a emergência massiva de informações e de produtos. Nesses momentos de solidão, o pensamento viajava nas indagações sobre a origem, a sexualidade e o mundo, criando-se estratégias imaginárias importantes para enfrentar as dificuldades.

Essa infância vivida por muitos dos adultos de hoje contribuía, certamente, para a construção de saídas diante da realidade. Como se expressa Guimarães Rosa:

> Não gosto de falar em infância. É um tempo de coisas boas, mas sempre com pessoas grandes incomodando a gente, intervindo, estragando os prazeres. Recordando o tempo de criança, vejo por lá excesso de adultos, todos eles, os mais queridos, ao modo de policiais do invasor, em terra ocupada. Fui rancoroso e revolucionário permanente, então. Gostava de estudar sozinho e de brincar de geografia. Mas, tempo bom, de verdade, só começou com a conquista de algum isolamento, com a segurança de poder fechar-me num quarto e trancar a porta. Deitar no chão e imaginar estórias, poemas, romances, botando todo mundo conhecido como personagem, misturando as melhores coisas vistas e ouvidas. (João Guimarães Rosa, 2008).

Hoje, as crianças, mesmo isoladas tantas horas do contato com os pais, encontram-se praticamente o tempo todo sob a guarda de algum adulto ou são entregues aos aparelhos de TV e computadores. A modernidade, impondo já desde bem cedo certo isolamento, não tem permitido a construção do estar só de uma boa solidão.

Em *Cartas a um jovem poeta*, Rilke (1994, p. 48-49) acentua que só existe uma solidão, fundamental e necessária, não apenas à criação poética, literária entre outras, mas à aprendizagem e à vivência de cada um no mundo.

> Há uma solidão só: é grande e difícil de carregar. Quase todos, em certas horas, gostariam de trocá-la por uma comunhão qualquer, por mais banal e barata que fosse; por uma aparência de acordo insignificante com quem quer que seja; com a pessoa mais indigna. [...] Mas tudo isto não o deve desorientar [...]. Entrar em si mesmo, não encontrar ninguém durante horas – eis o que se deve saber alcançar. Estar sozinho como se estava quando criança, enquanto os adultos iam e vinham ligados a coisas que pareciam importantes e grandes [...].

Nem sempre é fácil suportar esse estado, se ali o sujeito não encontra um bom momento para organizar sua vida, fazer projetos, refletir, meditar... A solidão como escolha, desejada e propícia à reflexão, à criação ou associada a outros estados de espírito como a meditação e a oração difere-se da solidão muitas vezes presentes na velhice, na qual o isolamento e, tantas vezes, a carência de laços afetivos e sociais levam a um estar só penoso, dolorido, no qual se demanda a presença do Outro. Todavia, nesses casos, observa-se muitas vezes que a demanda dirige-se a uma presença efetiva, seja de filhos, seja de outro familiar, cuja ausência o sujeito não consegue conduzir. Aprender a estar só e bem consigo não é uma tarefa fácil. De toda maneira, indica Rilke (1994, p. 65), a solidão não é algo que se toma ou se deixa.

> Somos sós. Podemos enganar-nos a este respeito e agir como se não fosse assim; nada mais. Mas quão melhor é admitir que se é só, e mesmo partir daí. Naturalmente, começaremos por sentir tonturas, pois todos os pontos em que costumávamos descansar os olhos nos são retirados, não há mais perto e os longes ficam todos infinitamente longes.

O trabalho intelectual, a escrita, a criação e várias das decisões e dos enfrentamentos fundamentais da vida se passam na solidão. A "tontura" inicial por estar só, o desejo de substituir esse momento por qualquer coisa, não importa o que, a tentativa de apagar esse ponto de encontro consigo mesmo é uma prática habitual do homem moderno.

Há um inominável presente na solidão que não pode ser apagado, mas pode e deve sofrer uma condução. Até as tristezas, lembra-nos Rilke, são momentos que nos chegam como "paralisias", porque nossos sentimentos se tornam estranhos a nós mesmos e o familiar parece ter nos abandonado. Não obstante, elas oferecem possibilidades de reflexão e de mudança.

Não há como fugir da solidão essencial, dela se constrói um saber sobre si se ali o sujeito está implicado. Para estar bem nos laços com os outros há que suportar e tecer uma boa solidão. Demandar ao Outro isso que somente cada um deve enfrentar por si não é um bom caminho para estabelecer laços. Demandas excessivas de amor e completude levam ao desgaste das relações.

Nessa direção, Rilke define o encontro amoroso como "saudação de duas solidões". Para Rilke (1994, p. 27), a solidão integra a existência e encontra-se nas relações com o Outro. "[...] é precisamente nas coisas mais profundas e importantes que estamos indizivelmente sós [...]."

No entanto, pensar a solidão como intrínseca à existência não implica apagar a importância dos laços sociais. A solidão não é isolamento. Não é se isolando do mundo, retirando-se do turbilhão que se encontra uma boa solidão. Como afirma o sr. Cotta (86 anos), "Quando tinha mulher e filhos morando comigo não sentia solidão. É ruim acordar e não ter ninguém por perto. Tem momentos que acho que morrerei sozinho, não tenho medo, mas a sensação é ruim".[1]

Ao que completaria Octavio Paz (1992, p. 175), poeta e ensaísta mexicano que morreu em 1998:

> Todos os homens, em algum momento de sua vida, se sentem sós; e mais: todos os homens estão sós. Viver é separarmos do que fomos para tentarmos ao que vamos ser, futuro sempre estranho. A solidão é o fundo último da condição humana. O homem é o único ser que se sente só e o único que busca o outro... O homem é nostalgia e busca de comunhão. Por isto cada vez que sente a si mesmo se sente como carência de outro, como solidão.

Esse conceito de carência talvez possa ser traduzido com Carlos Drummond de Andrade como "ausência" (1984, p. 25): um estado intrínseco à condição humana, estar no Outro e separado dele.

> Por um tempo achei que a ausência é falta,
> E lastimava, ignorante, a falta.
> Hoje não a lastimo.
> Não há falta na ausência.
> A ausência é um estar em mim.
> E sinto-a, branca, tão pegada, aconchegada nos meus braços,
> que rio e danço e invento exclamações alegres,
> porque a ausência, essa ausência assimilada,
> ninguém a rouba mais de mim.

Na psicanálise, por sua vez, essa "ausência assimilada" implica saber conduzir a falta intrínseca à estrutura da vida. Falta que passa pela presença do Outro e suas marcas, mas não pode ser preenchida, porque ao Outro também falta.

A partir dessas indicações podemos pensar que a condição do sujeito na sociedade moderna instaura um paradoxo em torno da solidão: joga-o contra essa solidão essencial, buscando criar a ideia de que há a completude, e, ao mesmo tempo, convida o sujeito a suplantar sua falta com objetos fabricados em série e vendidos como se fossem feitos à medida do desejo de cada um. Ao fazê-lo, introduz uma solidão estranha, um isolamento que leva à ruptura dos laços sociais. Essa forma de gozar a vida, autística, por meio dos objetos,

---

[1] Infelizmente o sr. Cotta morreu 15 dias depois desse encontro por insuficiência cardíaca em uma UTI de Belo Horizonte.

acaba por escancarar um desamparo sem igual, pois nele o sujeito está só para conduzir o que sempre falha na realização de seus ideais.

Solitário de si mesmo, o homem moderno sente-se cada vez mais isolado da construção de um saber de si e, frustrado com o fracasso em torno da satisfação pelos objetos e das relações superficiais, não sabe a quem recorrer diante da desqualificação de sua existência. O isolamento torna-se mais difícil na velhice, pois é um momento de muitas modificações e perdas nos laços sociais. Nessa direção, ressaltamos a importância dos grupos, do convívio social como forma de sublimar e elaborar os lutos. De toda forma, também na velhice há que suportar que os laços e o convívio social não retiram de cada um o encontro com a solidão essencial.

No dizer de Marieta (85 anos):

> Até hoje não sei decifrar esse sentimento de solidão, acho que é isolamento, falta de humildade para aceitar a minha condição atual de viúva, isolamento dos outros ou orgulho para buscar a companhia das pessoas. Mas quero vencer isto, pois é a única coisa que me incomoda agora na minha vida. Entrei para a aeróbica, pois é a única atividade que tem aqui, apesar de gostar mesmo de yoga. Lá encontro o grupo, a alegria das pessoas e saio de lá bem. Passei muitos anos submissa a muita coisa e é difícil mudar de uma hora para outra. Precisei de tempo para poder escolher e quero mudar, quero aprender a ficar com as pessoas, buscar o convívio e me abrir mais.[2]

Como salientado, na velhice o isolamento tende a ser tomado como solidão. Muitas vezes o próprio idoso se isola por dificuldades em estabelecer laços com os outros, e, nesses casos, elas não são novas e podem se tornar mais aguçadas na velhice.

Mesmo tendo em vista todos os traços da sociedade contemporânea e a segregação às quais muitos idosos se submetem, mesmo considerando-se o contexto social, econômico e político que alija uma parte da velhice da produção de bens de serviços, das boas condições de vida e do acesso às melhorias de vida, a posição de vítima não é uma saída. Associar-se, participar das políticas públicas, inserir-se socialmente, lutar pelos direitos e participar de grupos é fundamental a qualquer cidadão, a qualquer sujeito, pois a queixa não leva às mudanças de posição. A posição de vítima leva o sujeito ao pior. Saber-se responsável pelos destinos de sua história é tornar-se também mais livre diante da vida. Essa é a liberdade essencial e produtiva.

---

[2] Encontro realizado em maio de 2008.

Na clínica e em conversas com idosos é comum a queixa de solidão geralmente associada ao isolamento. Se os idosos são muitas vezes segregados e isolados de muitos convívios sociais, não se pode desconhecer que muitos também se isolam, justificando essa posição em torno da "velhice". Esta passa a ser o álibi para todos os infortúnios, mas não existe a velhice sem um sujeito. Por mecanismos e estratégias singulares, cada um se ajeita como pode para tratar as mudanças impostas pelo envelhecimento e pela velhice.

Por conseguinte, não são a velhice e a idade que acarretam o sentimento de solidão, mas a posição de cada um diante de si e da vida atual. Para Dona Maria Angélica (100 anos) o estar só se costura com boas lembranças: "Sou feliz, não tenho solidão; penso em um, em outro, e não há espaço para me sentir só. Quando estou sozinha fico relembrando as boas coisas da vida sem preocupação de antigamente, lembro-me das músicas e fico bem".

O fantástico de nossa estrutura é podermos, pelas palavras, pensamentos, devaneios e lembranças, tornar presente uma ausência. É podermos recriar enredos, transitando em outros espaços e tempos. É transformamos a solidão essencial e constitutiva em uma possibilidade de prazer e criação.

Há uma escrita da morte?

> Queria ser ela mesma, recuperar tudo que tivera que ceder em meio século de uma servidão que a fizera feliz, mas que uma vez morto o marido não deixava a ela nem traços de identidade. Era um fantasma numa casa alheia que de um dia para o outro se tornara imensa e solitária, e na qual navegava à deriva, perguntando a si mesma quem andava mais morto: o que tinha morrido e o que tinha ficado. (MÁRQUEZ, 1985, p. 345)

Esses sentimentos expressos por Ferminza Daza, personagem do livro *O amor nos tempos do cólera*, de García Márquez, diante da perda do marido, depois de mais de 50 anos de convivência, são comuns à maioria dos idosos que perdem seus companheiros após longo tempo de uma vida em comum. Ressentem-se da perda de forma profunda e têm dificuldades no trabalho de luto, em especial porque depois de tantos anos compartilhando o cotidiano, até mesmo os sintomas, torna-se difícil separar os traços de um do outro. Faz-se necessário um tempo para compreender o que foi perdido, elaborar a perda e separar-se do objeto amado. É comum escutar que muitos traços supostos no outro na realidade estavam em si mesmos. Alinharam-se de tal sorte ao outro que não se sabia mais a quem pertenciam. Mesmo casais que não viviam tão harmonicamente sofrem diante da perda real um verdadeiro rombo nos laços com a vida, com surgimento de sentimentos de desamparo, angústia e vazio.

A morte é irrepresentável apesar de constituir-se no inevitável destino da vida.

> Tudo quanto vive, vive porque muda; muda porque passa; e, porque passa, morre. Tudo quanto vive perpetuamente se torna outra coisa, constantemente se nega, se furta à vida. A vida é pois um intervalo um nexo, uma relação, mas uma relação entre o que passou e o que passará, intervalo morto entre a Morte e a Morte. (Pessoa, 2006, p. 457)

Como assinalamos em *O sujeito não envelhece* (Mucida, 2006), toda, perda impõe o luto e este, ao contrário do que é por vezes interpretado, é um trabalho que abre novamente as vias ao desejo e à vida. Não existe velhice sem trabalho de luto e este implica uma série de atos, palavras e rituais, sempre muito particulares, de elaboração da perda do objeto. Diante do buraco aberto pela morte, o luto demanda também palavras e uma escrita.

Se a morte não deixa nenhuma escrita, dela se escreve com meias e duras palavras ou até mesmo inventando um tecido de palavras, como alguns são capazes. É com essa dor que Lya Luft, após a morte de Hélio Pellegrino (1989), escreve *O lado fatal*, escrita da morte, do amor e da dor, com a qual suporta também seu árduo trabalho de luto. Já no prefácio encontramos uma parte de uma carta de Hélio Pellegrino, na qual, na intensidade de seu amor, sabe que, por se aproximar da vida e oferecendo uma experiência de eternidade, todo amor toca a face da morte.

Os belos poemas que compõem essa escrita trazem ao leitor as marcas de uma memória que não se apaga. Lembranças que confortam e doem: é o paradoxo mais cruel disso que não se apaga. Rastros da presença de uma ausência, essas lembranças acompanham também o luto.

Esses poemas refletem de forma muito viva algumas das etapas do luto assinaladas no livro de Elizabeth Kübler-Ross (2001). As indicações dessa autora foram objeto de leitura, a partir de uma perspectiva analítica, na escrita de *O sujeito não envelhece*. Retomaremos sucintamente essas indicações nos servindo agora de alguns dos belos poemas de Lya Luft. Não se trata aqui de uma análise literária desses poemas e, muito menos, da análise do que sustentou essa escrita, apenas seguimos com a escritora alguns passos desse processo que ela divide com o leitor.

Elizabeth Kübler-Ross sinaliza cinco etapas principais no trabalho de luto. Acreditamos que essas etapas não são exatamente cronológicas, podem se intercalar e se mesclar e são conduzidas por cada sujeito de forma singular.

O primeiro momento é o choque pelo qual o sujeito é tomado diante da morte. Algo não pode ser escrito, pois a morte é o puro real; um acontecimento que não pode ser negado nem apagado. Diante dele o sujeito encontra-se apartado de palavras. Deus,

> (ou foi a Morte?)
> Golpeou com sua pesada foice
> O coração do meu amado
> (não se vê a ferida, mas rasgou o meu também).
> Ele abriu os olhos, com ar deslumbrado,
> Disse bem alto meu nome no quarto de hospital,
> e partiu. (Luft, 1989, p. 13)

A segunda etapa é a da negação: "Isso não é verdadeiro, isso não aconteceu". Presenciamos aí um sujeito tomado pelo real, mas que começa a dar palavras ao insuportável. Como nestes versos de Lya Luft:

> Quando meu amado morreu, não pude acreditar:
> andei pelo quarto sozinha repetindo baixinho:
> "Não acredito, não acredito."
> Beijei sua boca ainda morna,
> acariciei seu cabelo crespo,
> tirei sua pesada aliança de prata com meu nome
> e botei no dedo.
> Ficou larga demais, mas mesmo assim eu uso. (Luft, 1989, p. 11)

A terceira é de cólera e revolta seja com quem morreu, seja com Deus, criando alguns culpados para o trágico da morte, entre os quais também se insere muitas vezes o próprio sujeito. Diante disso não é incomum a culpa contra algo feito ou não realizado em relação a quem morre. Trata-se de um momento que requer um intenso trabalho psíquico, com desgaste de energia que incide também sobre o corpo.

> [...] Quando se foram também os médicos e suas máquinas inúteis,
> ficamos sós: a Morte (ou foi Deus?)
> o meu amado e eu.
> [...] O silêncio dele era absoluto: seu coração emudecido
> e o meu, varados, por essa dourada foice.
> Por onde vou deixo o rastro de um sangue denso e triste
> que não estancará jamais. (Luft, 1989, p. 13)

Em outro poema há um verdadeiro desabafo:

> Não me digam que isso passa,
> não me digam que a vida continua,
> que o tempo ajuda,
> que afinal tenho filhos e amigos

> e um trabalho a fazer. [...]
> Mas não me consolem:
> da minha dor, sei eu. (LUFT, 1989, p. 41)

Na quarta etapa o trabalho se apresenta pelas substituições e pela busca dos traços do objeto perdido. Mas isso não se dá da mesma forma para todos. Para alguns é insuportável ver ou tocar objetos que lembrem a perda, querem mudar de casa, de quarto e precisam se livrar dos objetos como forma de apagar o insuportável. Outros se agarram como podem a eles, e o intocável do ambiente torna-se sinônimo de uma memória mais viva de quem morreu.

Nesta minha peculiar viuvez

> sem atestados nem documentos,
> [...] instalo ao meu redor objetos que foram dele:
> a escova de dentes junto da minha na pia,
> o creme de barbear entre os meus perfumes,
> e com minhas roupas nos cabides
> a camisa dele de que eu mais gostava. (LUFT, 1989, p. 15)

As lembranças não deixam apagar também os bons momentos que, de alguma forma, fazem anteparo à dor.

> Passeávamos pelo Jardim Botânico
> seguidamente, sob as altas palmeiras,
> vendo flores e esquilos,
> discutindo o cotidiano e seu mistério. (LUFT, 1989, p. 19)

Esta etapa se mescla com momentos nos quais o sujeito sente-se mais enlaçado à vida:

> Hoje,
> três meses e dois dias depois de sua morte,
> levantei-me da mesa onde escrevia,
> mudei de lugar os móveis e a máquina,
> Não era para ter melhor luz ou mais sossego:
> era apenas para ver o pôr-do-sol.
> (Foi o primeiro sinal de que ainda estou viva) (LUFT, 1989, p. 63)

Quando essas etapas são vencidas o sujeito consegue passar de forma mais leve a outros investimentos na vida.

Hoje vivemos uma situação bastante especial diante da morte: ao contrário de séculos anteriores ao nosso, as pessoas doentes são levadas aos hospitais, morrem em UTIs e em geral isolados dos entes queridos. O isolamento e a não-permanência junto ao doente, acarretam, diante de sua morte, um vazio maior, pois ele partiu e não se sabe como. Intensificam-se os sentimentos de culpa e impotência, pois em muitos casos é a família que decide os destinos do doente, perpetuando uma quase morte em vida ou retirando alguns procedimentos, deixando à morte seu espaço de entrada. Isso contrasta radicalmente com os séculos anteriores ao nosso.

Segundo Philippe Ariès (2003), na Idade Média existia a familiaridade com a morte. Ela era um acontecimento público, e, ao pressenti-la, o moribundo se recolhia e era, acompanhado por parentes, amigos e vizinhos até sua partida. O enterro era integrado à comunidade, realizando-se nos pátios das igrejas.

A partir do ano 1231 a morte toma outro estatuto com a separação entre vivos e mortos, proibindo-se jogos, danças e feiras nos cemitérios. No século XV prevalece um sentido dramático da morte: era aquilo que roubava o homem da vida e de sua família. As diferenças entre as classes se apresentam nos cemitérios, tal como vivenciadas hoje. Somente após 1930 surge a representação social da morte, como efeito do discurso médico e dos avanços da ciência. O moribundo já não morre em casa, e a ciência tem o poder de prolongar a vida (distanásia) por meio de aparelhos sofisticados ou, ao contrário, de abreviá-la (eutanásia), como ocorre na Holanda, onde a eutanásia é permitida por Lei e praticada há alguns anos.

Prolongar a vida a pontos inimagináveis ou abreviá-la sob certas condições incide sobre a representação social da morte e sobre o luto. A questão da prática da eutanásia está longe de ser fácil. Vários filmes expuseram essa problemática, e todos eles, de certa forma, defendem o direito à morte, quando o sujeito não pode mais fazê-lo por conta própria e não há cura nem tratamento para as doenças. Em *As invasões bárbaras* (2003) e em outros filmes que recorrem ao tema, a eutanásia se inscreve por meio de um ritual entre amigos cuidadosamente preparado e no qual o sujeito com doença incurável tem o suporte do Outro para uma espécie de suicídio ao avesso.

Em *Mar adentro* (2004) e *Menina de ouro* (2004) a proibição do direito à morte leva à eutanásia clandestina. No primeiro desses filmes trata-se de um sujeito que resguarda ainda muito humor para lidar com a situação, faz laços com o Outro, mas com o firme propósito de morrer após o cansaço de 28 anos de tetraplegia. Liberdade ou morte? De que escolha se trata nesses casos?

É fato que estamos bem longe da morte como "fato natural" e da medicina concebida apenas como cura. As técnicas de prolongamento da vida trazem no geral um despojamento total da subjetividade; os sujeitos morrem sós, subtraídos das palavras e das vestes do narcisismo, provocando, muitas vezes, a percepção de um despedaçamento corporal. Se antes o horror advinha apenas da possibilidade da morte, as novas tecnologias introduziram o medo de uma morte em vida. É comum escutar de idosos que não querem morrer em UTIs, pois ninguém quer se pensar morto em vida.

Mas tanto a distanásia quanto a eutanásia são questões desta época. A problemática da legalização da eutanásia está longe de ser uma questão simples, pois abre um direito e um poder bastante perigosos sobre a vida e a morte. É sempre complicado o diagnóstico infalível diante de doenças graves, e as respostas de vários sujeitos acentuam o quanto persiste de particular e inesperado no enfrentamento de doenças aparentemente sem nenhuma saída.

É sabido que Freud, o inventor da Psicanálise, teve um câncer na garganta durante 16 anos o qual provocou nele muitas dores e sofrimento. Entretanto, essa doença não o impediu de produzir até o fim, escrevendo nos últimos anos obras importantíssimas, com valiosa contribuição ao avanço da psicanálise. Havia solicitado no início da doença à filha e ao amigo médico que não o deixassem sofrer desnecessariamente. Aos 83 anos, em um estado muito avançado do câncer, ao qual se associava uma degradação corporal insuportável, solicitou a eles que lhe abreviassem o sofrimento.

Entretanto, em uma entrevista concedida ao jornalista americano George Sylvester, quando estava com 70 anos, afirma: "Detesto o meu maxilar mecânico, porque a luta com o aparelho me consome tanta energia preciosa. Mas o prefiro a maxilar nenhum. Ainda prefiro a existência à extinção" (FREUD, 2000).

Em outro momento da entrevista acrescenta:

> Por quê – disse calmamente – deveria eu esperar um tratamento especial? A velhice, com sua agruras chega para todos. Eu não me rebelo contra a ordem universal. Afinal, mais de setenta anos. Tive o bastante para comer. Apreciei muitas coisas – a companhia de minha mulher, meus filhos, o pôr do sol. Observei as plantas crescerem na primavera. De vez em quando tive uma mão amiga para apertar. Vez ou outra encontrei um ser humano que quase me compreendeu. Que mais posso querer? [...] Estou muito mais interessado neste botão do que no que possa me acontecer depois que estiver morto.

Igualmente difícil é a escolha pelo prolongamento da vida, e muitas famílias se veem, em casos de doentes terminais, principalmente idosos, impossibilitados de uma resposta diante da questão médica: levamos ao tratamento intensivo ou não?

O caso da Holanda tem provocado muitos debates. A legalização da eutanásia em 2002, mas praticada há 20 anos de forma clandestina, traz questões sérias, pois além da eutanásia voluntária, existe a involuntária: retira-se o tratamento ao doente e aplica-se a overdose de morfina. A eutanásia involuntária recobre tanto doentes em fase terminal como recém-nascidos com má formação, crianças com enfermidades graves, idosos e doentes psiquiátricos.

Talvez esse suicídio às avessas se assemelhe ao ato suicida, mas desta feita sem o consentimento do sujeito. Como reflexão vale retomar mais uma vez as indicações de Freud na entrevista supracitada:

> A humanidade não escolhe o suicídio porque a lei do seu ser desaprova a via direta para o seu fim. A vida tem que completar o seu ciclo de existência. Em todo ser normal, a pulsão de vida é forte o bastante para contrabalançar a pulsão de morte, embora no final esta resulte mais forte. (FREUD, 2002)

Dessa maneira, quando atender um pedido de morte? O que pode o ato médico diante da vida e da morte? A legalização dessa prática, com um poder absoluto aberto à medicina, não poderia inaugurar uma nova hegemonia pela qual seriam eliminados todos os corpos que não respondessem à nova ordem de ideal de saúde e normalidade? Como separar tal prática dos interesses econômicos, os gastos para os cofres públicos, em especial com relação aos idosos?

Não obstante, não é fácil escolher entre o prolongamento ou a interrupção da vida. A família é tomada por sentimentos de angústia, culpa e impotência ao se deparar com o ente querido dopado, dependente de tubos para se alimentar e inerte na cama. Muitos idosos de hoje vivenciam essa experiência através dos cônjuges e amigos, e isso mobiliza sentimentos difíceis de serem nomeados.

O desejo de que aquilo acabe logo, para não ver o familiar sofrendo, acarreta depois de sua morte uma sobrecarga de culpa ao trabalho de luto. A Ciência atual provoca efeitos sobre a concepção da morte e sobre o luto. O sentimento de uma perda insuportável mistura-se ao horror de ver alguém em uma cama durante anos. Nesses casos podemos afirmar com a psicanálise que atualmente é comum advir uma primeira morte em vida, simbólica, subjetiva, sem que uma segunda e efetiva possa abrir o trabalho de luto.

Algumas perdas fazem um verdadeiro rombo na vida, e o idoso sofre perdas muito fortes e, por vezes, em sequência, tendo de revestir-se de todos os meios simbólicos, familiares e laços sociais pelos quais recebe afeto para conduzir os lutos. Tenho como exemplo bem próximo o de minha mãe. Em um curto espaço de tempo perde uma sobrinha, uma prima e duas irmãs, a última delas alguém com quem tinha uma amizade muito profunda.

Não vai ao enterro, mas na hora da cerimônia faz seu ritual de despedida plantando sementes de perpétua e sempre-viva, com o pensamento: "Vai uma vida e outras nascerão aqui". Esse pequeno ritual de substituição, além da homenagem prestada à última das irmãs, é um recurso que lhe permite um primeiro tratamento à perda.

Em geral os idosos conseguem conduzir bem o trabalho de luto, enfrentando as perdas, e muitos se tornam mais fortes para suportá-las. Todavia, a perda de filhos e do companheiro são aquelas mais difíceis de serem elaboradas, exigindo mais tempo. O tempo necessário ao trabalho de luto é essencialmente singular, pois depende da capacidade de substituição e aceitação das perdas, bem como dos laços sociais e efetivos abertos por cada sujeito.

Em perdas de cônjuge, observa-se que nos casais que passaram a vida com frequentes atritos o luto é em geral mais difícil. Primeiro porque há um enlaçamento também com as brigas e com o sofrimento. Depois porque a retirada do parceiro(a) gera um esvaziamento do sintoma criado entre eles, e isso provoca outra espécie de vazio. Além disso, a perda nessas condições mobiliza muita culpa, recriminação e rancor. Ao contrário, quando a perda recai em relações muito boas, mesmo dolorosa, fica-se sempre com as boas lembranças e a companhia de uma vida bem construída com aquele que partiu, e isso facilita o luto.

Nas palavras de dona Rosinha (81 anos):

> Casei-me com 17 anos, e a gente teve uma vida muito boa, muito bonita. Éramos companheiros, fiz o que me foi possível para ser uma boa companheira, apoiando seus projetos, e ele foi um ótimo marido. Fiquei muito tempo cuidando dele doente, principalmente nos últimos meses. Depois do enterro voltei para casa com a família. As filhas e os genros me perguntaram para qual casa gostaria de ir. Respondi: "Vou enfrentar a minha situação!". E assim foi. Eles foram embora, entrei para meu quarto, arrumei-o e me preparei para dormir. Tinha minha alma tranquila, nada que me abatesse ou condenasse. Estava triste, mas com o coração e a mente aliviada. Cuidei de minha vida e gosto dela. Toda noite tomo meu lanche às 18h, fecho a casa e vou ler os jornais e revistas. Adoro me manter informada e leio muito. Adoro cozinhar e cuidar da casa. Sinto saudade dele, mas não me sinto só, pois tenho muita amizade na vizinhança, converso com todos, e a vida continua.[3]

Mas nem sempre um bom enlaçamento amoroso permite um luto mais fácil, pelo contrário, para alguns exatamente, pelo laço que foi bom e forte, a perda é sentida como insuportável, um buraco difícil de ser bordeado.

---

[3] Encontro realizado em julho de 2008.

Como a morte não deixa uma escrita, é um puro real sem nome, impõe escritas possíveis sobre sua mudez e a necessidade de dar destinos à dor. Isso nos alerta ainda sobre o fato de que esconder do idoso a morte de entes queridos é em geral devastador, principalmente quando se trata de filhos e do cônjuge, a não ser que o sujeito dê mostras de nada querer saber disso.

Nessa direção, *Desde que Otar partiu* (2003), um filme franco-belga, é muito preciso à análise do idoso diante da morte. O próprio título joga com uma duplicidade de sentido que percorre toda a trama e determina seu desfecho. Partir é viajar, ir-se embora, denotando travessia e movimento, mas porta também a ideia de morte.

A trama se desenvolve entre três mulheres de três gerações diferentes: a avó (Eka), sua filha (Marina) e a neta (Ada). Eka, com mais de 80 anos, tem uma relação íntima e muito afetiva com a neta, ao contrário da filha, que se sentia preterida ao irmão mais novo que foi morar em Paris, cidade dos sonhos da família, principalmente de Eka e Ada. A morte desse irmão em uma construção civil traz para Marina e Ada uma questão importante: como falar à Eka sobre uma perda tão dolorosa? Marina decide que não o faria, deixaria o tempo passar. Planeja uma série de ações para manter encoberta a morte do irmão, e Ada, mesmo sem aceitar plenamente a ideia, acaba por se envolver, escrevendo cartas fictícias do tio morto e as lendo para a avó.

Como toda mentira acena sempre para uma verdade, o plano teve de se tornar cada vez mais sofisticado para se sustentar. No aniversário de Eka fazem uma montagem de uma foto em Paris na qual o filho aparece sorrindo. Como apagar a morte de um filho? Entre um "não saber" e o "já sabia disso", Eka dá mostras visíveis de sua angústia e, na comemoração de seu aniversário, espera pelo telefonema do filho, que não vem. O olhar que perpassa toda a cena da festa é um olhar que vê um ponto de saber que não se engana. Dessa forma, depois do aniversário, sem que ninguém perceba, vende todos os preciosos livros de sua pequena biblioteca de literatura francesa e compra três passagens para Paris, surpreendendo a filha e a neta com seu desejo decidido.

Em Paris, enquanto Marina e Ada encontram-se fora do hotel, perdidas e sem saberem como desenlaçarem-se da mentira construída, Eka sai em busca do filho. As cenas que surgem nos tocam. De um lado, o corpo frágil de uma idosa subindo com dificuldade as escadas de um edifício, expondo o abandono, a solidão e o desamparo aos quais se viu reduzida. Do outro lado o alívio, pois finalmente ela teria acesso à verdade. Suportará tal dor? E suporta, talvez mesmo porque, diante do inevitável da morte, ainda existe a possibilidade do enterro e do luto, pior é a angústia desse saber que não encontra palavras.

Eka consegue dar outro destino à dor ,e não é sem surpresa que no final, já no aeroporto, a neta decide não partir e realizar seu sonho de morar em Paris e recebe todo seu apoio. Uma partida por outra, uma viagem que se abre a outra. Esse filme demonstra com perspicácia que o real da morte não pode ser coberto, mas pode ser tratado. Se da morte não temos representação, ela é, entretanto, real e necessita do trabalho de luto.

Como acentua Pessoa (2006, p. 72):

> [...] o que o homem normal se figura, figura para si a morte como um sono de que não se acorda, o que nada quer dizer. A morte, disse, não se assemelha ao sono, pois do sono se está vivo e dormindo; nem sei como pode alguém assemelhar a morte a qualquer coisa, pois não se pode ter experiência dela, ou coisa com que a comparar.

O fato irrevogável é que a única garantia que temos ao nascer é a certeza de nossa própria morte, e o grande paradoxo é que dessa certeza não temos a menor representação, o inconsciente desconhece o tempo e a morte. Não sabemos ainda quando ela vem e, depois, para onde se vai. Se da morte factual não sabemos, talvez possamos afirmar que o maior incômodo de quem vive é a morte simbólica, uma morte em vida e sem a possibilidade do enterro e do luto. "Enterrar os mortos" é o refrão que toca o real e o imperativo da morte.

Se o destino da vida é a morte, não existiria vida sem o suporte desse limite que é a morte. A sua existência impulsiona a vida, marcada pelo corte, até para não se esvair no excesso. Isto nos remete a outra ficção, agora de José Saramago, *As intermitências da morte*.

Nessa ficção, bem ao estilo de Saramago, é-nos apresentado um mundo onde a morte dá-se ao capricho de não mais matar. Um mundo perdido de suas amarras e o caos; algo semelhante ao que presenciamos em sua obra *Ensaio sobre a cegueira* (1995). Se neste ensaio é a queda do olhar, a perda da visão, que marca a derrocada de todo um sistema econômico e social regido pela visão, em *Intermitências da morte* o caos se apresenta quando o real da morte deixa de cumprir sua função de limite.

A primeira ação da morte, antes de se ausentar por completo, é de cortar seu imprevisto: as pessoas recebiam uma carta de aviso oito dias antes de sua chegada, para que pudessem se preparar; pagassem suas contas, se despedissem, fizessem testamentos. Mas nada disso ocorre, ao contrário, as pessoas, diante do inevitável, respondem tentando retirar dele seu ponto de certeza. Alguns tentam adiantar sua chegada, pela tentativa de suicídio, outros se entregam à orgia como forma de aproveitar intensamente os últimos momentos, quem sabe, buscando provocar sua chegada inesperada. Mas nenhum ato conseguia interromper o curso, cada um só morria no dia determinado pela morte. As cartas da morte, como ela, indestrutíveis, eram sempre sem resposta, "[...] a morte nunca responde e não é por que não queira, é só porque não sabe o que há-de-dizer diante da maior dor humana" (SARAMAGO, 2006, p. 72).

Como Freud, Saramago coloca na morte esse traço pessoal e intransponível, irrevogável e inapreensível. De toda forma, não morrer expõe-nos essa ficção, é o maior dos pesadelos. Sem o limite do tempo, a vida é insuportável. Nessa vida eterna o homem haveria de conviver com o imutável ou com modificações incessantes no corpo, levando-o ao estado de degradação; uma morte simbólica sem que uma morte real viesse como corte.

> [...] A morte será a mesma para todos os seres vivos, sejam eles animais, incluindo o ser humano, ou vegetais, incluindo a erva rasteira que se pisa [...] será a mesma morte que mata um homem que sabe que vai morrer , e um cavalo que nunca o saberá. [...] em que momento morreu o bicho da seda depois de se ter fechado no casulo e posto a tranca na porta, como foi possível ter nascido a vida de uma da morte da outra [...]. (SARAMAGO, 2006, p. 72)

A morte só toma esse caráter irrepresentável, de dor, corte e limite para os seres falantes; somos nós que por estrutura desconhecemos a passagem do tempo e vivemos sob seu jugo. Os animais se defendem dela como podem e apenas morrem. Para o homem a morte está em seu cotidiano como limite, impulsionando a vida e delimitando um corte. Como dizia Guimarães Rosa: "a gente morre é para provar que viveu". A morte pertence à vida como uma parte a ser realizada. Da mesma forma que o amor e a sexualidade, a vida é atravessada pelo limite, pelo impronunciável, e com ele se tece também a velhice. Como se expressa Rilke (1994, p. 66-67):

> As experiências a que se dá o nome de "aparecimentos", todo o pretenso mundo "sobrenatural", a morte, todas essas coisas tão próximas de nós têm sido tão excluídas da vida, por uma defensiva cotidiana, que os sentidos com os quais as poderíamos aferrar se atrofiaram. [...] Não é apenas a preguiça que faz as relações humanas se repetirem numa tão indizível monotonia em cada caso; é também o medo de algum acontecimento novo, incalculável, frente ao qual não nos sentimos bastante fortes. Somente quem está preparado para tudo, quem não exclui nada, nem mesmo o mais enigmático, poderá viver sua relação com outrem como algo de vivo e ir até o fundo de sua própria existência.

Ou nas palavras de Maria Helena Andrés, hoje com 86 anos:

> Acho que a morte, as perdas, os traumas são importantes, não podemos renegar o passado, ele é rico. A perda de meu marido foi dolorosa, uma experiência muito forte, mas não fiquei ruminando a dor, temos de encontrar outros aspectos da vida. Um dia peguei uma carona e chorava o tempo todo, e a pessoa me disse: "Seu marido morreu, mas você está viva". Isso foi importante, a morte é uma coisa natural, não digo que seja fácil perder um parente, é tristíssimo, é doloroso, mas depois a vida está aí. O choque produz outra dimensão, se cresce também com os choques e as perdas.[4]

Do amor e seus reversos

Para Freud o ódio é o precursor do amor, e os dois sentimentos se entrelaçam, se cruzam, transformando-se um no reverso do outro.[5] Da mesma forma que o ódio, a agressividade faz parte de nossa constituição e, até mesmo, de nossa sobrevivência.

De início o sujeito encontra-se incapaz e desamparado para gerir sua sobrevivência, dependendo do outro – a mãe ou um substituto – para sustentá-lo no seio da vida. Não obstante, esse Outro também não é tão bem-equipado para exercer essa função, e esse primeiro e marcante encontro é revestido de uma série de erros ou falhas. A mãe não acerta em todas as interpretações que da à necessidade da criança, como ainda pode oferecer a esta algo que ela não pede. Há um descompasso inaugural entre o que se pede e o que se recebe; para mais ou para menos. Isto acompanhará também os caminhos do amor e de muitos laços com o Outro.

É exatamente esse descompasso entre acertos e erros, esse intervalo entre o que se pede ou não é pedido e o que se recebe – lugar onde se inscreve a falta –, que surge o desejo. Nascendo de uma falta ele carrega essa marca inicial em quaisquer de suas possíveis ou impossíveis formas de realização.

Esse descompasso impõe ainda ao sujeito uma luta necessária à sobrevivência na qual se encontra acoplada a agressividade e o ódio. Não é sem sofrimento que o sujeito se insere no princípio que rege tanto o prazer quanto a realidade. O princípio que rege o prazer, acentua Freud ([1920], 1976), ancora-se sob alguns impedimentos; não há prazer sem esses limites. O primeiro é a família, depois o próprio eu, o supereu e, por fim, a percepção.

---

[4] Encontro realizado em março de 2006.
[5] A propósito, remetemos o leitor aos seguintes artigos de Freud: "As pulsões e suas vicissitudes", "O ego e o id", "Luto e melancolia", "Reflexões para o tempo de guerra" e "Além do princípio do prazer".

O prazer para ser sentido como tal depende da percepção. Pode-se estar em condições as mais favoráveis e não senti-las como tal.

Sem esses limites, todo prazer esvai-se pela via do excesso, onde residem também o sofrimento e a morte. A busca do prazer sem respeitar os limites do tempo, do corpo e da própria estrutura que somos inseridos, incluindo os traços particulares, pode levar à morte. Basta pensarmos em alguns sintomas, como beber demais, comer demais, anorexia, drogadição, paixão em seus excessos, para entendermos a importância dos limites como um princípio do prazer. Da mesma forma que o prazer, o amor tem também seus limites, sem eles esse sentimento seguiria o desvario, o excesso, o mal-estar e o sofrimento.

Amor e ódio constituem-se sentimentos presentes desde cedo e no processo de identificação são vias interligadas; amar os traços de alguém que inicialmente se odiou e vice-versa assinala a conjunção entre amor e ódio. Pode-se, na via amorosa, até mesmo chegar ao "bom uso erótico da cólera" (POMMIER, 1996). Alguns casais sustentam a relação com brigas frequentes com as quais tecem depois a alcova do amor.

O enlaçamento entre amor e ódio pode provocar também um retorno sobre o próprio sujeito do ódio sentido pelo outro e, neste caso, o resultado em geral são estados depressivos e sentimentos de culpa. No sentimento de culpa, conforme Lacan, o sujeito toma para si algo que é estrutural. Como salientou Freud ([1930], 1976) o sentimento de culpa ligado a algum pecado ou ato de maldade não justifica a culpa, pois é suficiente a intenção do ato para sua geração.

O medo da perda de amor pode ser predominante na relação com os outros, e por causa dele cada um faz concessões, recalca ou sublima atos agressivos. Isso demonstra a importância do amor do Outro como revestimento narcísico.

A presença simultânea da agressividade e do amor pode ser observada no estádio do espelho a partir dos efeitos da indistinção entre eu e outro; a criança que bate se sente batida e chora com a outra. Assinalamos no Capítulo II que a relação especular entre eu e o outro como duplo e homólogo, esse semelhante que, por ser semelhante, inquieta, gerando, entre outros sentimentos, a agressividade. Ao contrário desses sentimentos em relação ao outro, o encontro da criança pequena com sua imagem causa júbilo.

Diferentemente desse júbilo experimentado pela criança ao reconhecer sua imagem no espelho, Messy (2002, p. 99) indica que na pessoa idosa essa experiência pode encontrar, o ódio e a recusa à imagem apresentada. Isso se dá pela percepção antecipada de um corpo que se modifica e pode surgir ao sujeito como um corpo que se perde, despedaçamento (*morcellement*), conjunção entre *mort* (morte) *e scellement* (colagem, cimentação), despertando os efeitos do fantasma primordial do corpo despedaçado, quando a criança não se apreendia como inteira.

Para alguns idosos a imagem no espelho (lembramos que o espelho não se refere simplesmente ao espelho real, mas à identificação pela qual o eu se constitui em sua relação ao outro) antevê mudanças inevitáveis sem aquisição, conjugadas a não-valorização e ausência de reconhecimento do Outro. A imagem envelhecida, na medida em que expõe diferentes modificações, perdas e desvalorização social, pode-se tornar uma imagem odiada pelo sujeito. Odiá-la, da mesma forma que amá-la, não é sem consequências, já que o eu, além de ser corporal, é constituído também pela imagem.

Como o eu se forma a partir do Outro necessitamos das vias abertas socialmente para transformar o que retorna sobre o eu de forma destrutiva em ideais a serem cumpridos. Na carência ou na ausência dessas vias, o ódio pode reinar soberanamente sobre a imagem. A velhice pode suscitar esse reverso do amor a si, já que a cobertura narcísica sofre muitos estragos. O ódio e a agressividade podem prevalecer diante de situações de perda e de desvalorização social importantes. De toda forma, não se pode desconsiderar que a agressividade se coloca muitas vezes como defesa contra um real avassalador.

Para Messy, na velhice, o ódio à imagem que se vê pode surgir diante da perda do domínio do próprio corpo, com ideia da morte, causando o que ele nomeia de "espelho quebrado". O ódio a si transforma-se facilmente em estados depressivos.

A agressividade situa-se ainda na velhice como defesa contra a invasão do Outro, sentida como uma destituição subjetiva, perda do poder de decisão, escolha e ação. No Alzheimer isso se apresenta também: verdadeiras crises de agressividade advêm como descargas energéticas diante do real avassalador. Segundo Messy, observa-se que muitos pacientes com Alzheimer compreendem o que falam com eles, mas, sem poderem oferecer uma resposta adequada, expressam-se pelas crises de agressividade.

Outra psicanalista, Maud Manonni (1995, p. 31), defende a tese de que o ódio é uma "proteção do sujeito ante sua morte", podendo constituir-se ainda em um caráter erótico na relação amorosa. Todavia, acentuamos que, mesmo sendo necessário e constituindo-se, em muitos casos, uma verdadeira medida protetora, não é possível fazer laços se sustentando apenas por essa via. Viver sob os ditames do ódio e da agressividade traz retornos também ao eu. O sujeito deve encontrar, além da agressividade, outras formas de colocar limites à invasão do Outro. O ódio sozinho não faz um bom laço social. A saída é tentar transformar os reversos do amor em algo produtivo, utilizando-se dos canais sublimatórios possíveis.

A sublimação implica uma transformação da energia e do modo de satisfação. Ela se realiza pelos traços singulares; não é uma atividade que se globaliza. Entretanto, a oferta de canais para sublimação pode provocar a demanda e despertar o desejo, mas a sublimação só funciona se o sujeito encontrar ali algo de si. Ela se apresenta por diferentes formas de trabalho e expressões do desejo nas quais a libido utilizada encontra uma cota de prazer. Não é possível sublimar tudo, e muito menos o resultado é exatamente como imaginado. Depoimentos de vários artistas e escritores demonstraram que a sublimação contém também uma cota de sofrimento. Não é possível sublimar tudo, resta sempre uma cota de afeto a ser conduzida por cada um.

De onde se tece o amor

No ocidente prevalece a ideia do amor herdeira do mito de Aristófanes. Esse mito relata que havia três espécies de seres humanos: masculino, feminino e um terceiro, andrógino; junção dos outros dois. Os andróginos tinham em si o órgão sexual feminino e o masculino, quatro pernas, quatro mãos, duas faces, em apenas uma cabeça, e quatro orelhas. Completos e possuidores de força e agilidade sem igual, eram destemidos e decidiram subir ao céu para enfrentar os deuses. Zeus os pune, cortando-os ao meio, acabando com a completude, a unidade, e condenando cada parte a buscar sua outra metade, cujo encontro seria o amor.

Há outra concepção de amor, advinda do *Banquete de Platão,* que é pouco difundida. Essa elegia ao amor entre Sócrates e seus discípulos desemboca na origem de Eros, deus do amor. A referência é trazida pelo próprio Sócrates que, por sua vez, escutou-a de Diotima, uma sacerdotisa da Mantineia. É interessante que nesse espaço reservado aos homens, é através de uma mulher que outra concepção de amor vem à tona. Ao contrário do amor do Um do mito de Aristófanes, temos a presença da falta no seio do próprio amor. Vejamos o nascimento de Eros e por que no cerne do amor habita também a falta.

Quando a deusa Afrodite (Venus) nasceu, houve uma grande festa para os deuses, mas Penúria (Pênia), deusa da pobreza, não foi convidada. Faminta, Pênia espera o fim da festa e adentra o jardim buscando restos de comida para matar sua fome. Encontrou Poros, deus dos recursos, dormindo embriagado no jardim. Desejando ter um filho com ele, assim o faz sem que ele acorde. Nasce Eros, junção entre o recurso e a abundância conjugados aos traços da miséria e da falta. Como a mãe, Eros está sempre carente, faminto e miserável e, como o pai, é astuto, engenhoso para conseguir o que quer. De toda, forma Pênia tem também a engenhosidade e um desejo decidido e com eles concebe Eros.

Como acentua um colega, Bernard Nominé, é pelo sono de Poros que Eros é concebido: muito desperto o sujeito não entra na via do amor. Diremos que é mesmo preciso estar um pouco adormecido, como Poros, para se abrir aos riscos do amor, mas faz-se necessário também que algo do desejo o sustente, senão ele toma apenas a vertente da penúria e da falta. Longe da completude almejada, o amor deve suportar a falta. Perder-se e encontrar-se tece a contingência desse encontro que tem também sua face voltada para a morte.

> O amor é coisa curiosa: por nos aproximar da vida dá-nos uma experiência de eternidade, e por isso mesmo nos mergulha na finitude, para *aceitá-la e salvá-la*. Morte e amor andam embolados. O amor nos faz famintos de eternidade, e a morte é a porta desse indizível barato. (PELLEGRINO *apud* LUFT, 1989, p. 9)

O amor, tendo sede de infinitude, enlaça-se ainda à via narcísica, ao eu; amamos aquilo que nos falta, afirma Platão. Com a Psicanálise aprendemos que a escolha do objeto de amor se faz por algum traço, nem sempre nomeado, captável. Inserido na miséria e no sofrimento a que muitos se veem reduzidos quando amam, conjugando amor e dor, é também uma força de união e de criação.

Há inúmeras histórias de amor malfadadas e com finais trágicos. As clássicas: Romeo e Julieta, Tristão e Isolda, Abelardo e Heloisa expõem um amor de completude, mas sempre fadado ao impossível do amor. Por elas cada um vive a intensidade do amor e, ao mesmo tempo, sua face trágica. Nessas representações literárias, teatrais e cinematográficas, cada um pode viver por meio do outro aquilo a que tem horror, deixando nas salas de cinema sua versão trágica, para então buscá-lo ainda como união e criação. De toda forma, entre o malfadado e o completo, o amor continua a interrogar, a inquietar e, desacomodando, o amor permite criar algo novo.

Conheci certa vez um senhor que sempre passava por mim andando de bicicleta. Apresentava ter em torno 76 anos, e sua forma física era admirável. Um dia parei-o para conversar e, para minha surpresa, o sr. Geraldo tinha 86 anos. Contou-me que andava todos os dias 6 km, no ritmo dele, e que aprendera a andar de bicicleta aos 76 anos. Relata que era da época de casamentos arranjados e nunca amara verdadeiramente sua mulher; eram muito diferentes, e a diferença não os unia. Aos 75 anos apaixonou-se por uma senhora que morava no interior e se separou da mulher. Mudou-se para essa cidade e resolveu aprender a andar de bicicleta, algo que sempre desejou, mas os filhos colocavam empecilhos por considerarem perigoso na idade dele. Casou-se com essa senhora, com quem viveu "maravilhosos cinco anos". Quando o conheci, ela já havia morrido, e ele, por pressão dos filhos, retornara à primeira mulher. Um mês depois desse encontro ela morreu. Encontrei-me com ele algum tempo depois e perguntei-lhe o que pretendia fazer, se ficaria em Belo Horizonte ou voltaria para o interior. A resposta não foi uma surpresa: "Para onde o amor me levar!". Essa aposta na contingência do amor conjugava-se muito bem com sua história de vida: gostava de viajar, ter amigos, era de bem com as coisas e, sobretudo, afirmava valer sempre a pena os riscos do amor. Se desejar o amor não é suficiente para encontrá-lo, essa aposta por si só pode mobilizar uma série de investimentos importantes.

A frase bíblica "Amai ao próximo como a ti mesmo" sinaliza um amor universal e ao próximo, amor que não se restringe àquele entre um casal. Sua aplicação prática encontra também muitos empecilhos como aqueles da via amorosa. Como amar ao próximo se o sujeito não se ama? O que cada um devolve ao próximo e ao companheiro é também reflexo daquilo que nutre em si mesmo. Abrir-se ao amor que suporta a falta liga-se à forma como cada um pode suportar e conduzir em si mesmo a falta e a solidão intrínsecas à existência. O amor à completude é fadado ao fracasso e às frustrações.

> O amor de duas criaturas humanas talvez seja a tarefa mais difícil que nos foi imposta, a maior e última prova, a obra para a qual todas as outras são apenas uma preparação. Por isso, pessoas jovens que ainda são estreantes em tudo, não sabem amar; têm que aprendê-lo. [...] Assim, para quem ama, o amor, por muito tempo e pela vida afora, é solidão, isolamento, cada vez mais diverso e profundo. O amor, antes de tudo, não é o que se chama entregar-se, confundir-se, unir-se a outra pessoa. [...] Do amor que lhes é dado, os jovens deveriam servir-se unicamente como um convite para trabalhar em si mesmos [...]. (RILKE, 1994, p. 55-56)

Se pensarmos como Rilke, o amor como um encontro de duas solidões advindo de uma preparação que demanda tempo (tempo para aprender a conduzir a própria solidão), o envelhecimento e a velhice, ao contrário do que se propaga em geral, pode ser um período propício ao surgimento desse tipo de amor, aquele que suporta a falta e pode tecer com ela outras formas de estar junto diferentes do anseio de obter do outro aquilo que por estrutura a vida nos retira.

Não obstante, se a passagem do tempo é muitas vezes necessária à tessitura desse tipo de amor, ao nosso ver, ela não é suficiente. Não basta estar idoso para suportar a solidão e saber conduzir-se com ela no campo do amor. A velhice não traz em cena outro sujeito, mas pode aguçar ou dar bons destinos aos traços anteriormente marcados, até mesmo, abrindo-se a uma boa via amorosa.

Esse amor que desacomoda, se bem suportado para os jovens, é visto sob suspeita na velhice. Oscar Niemayer, poucos meses antes de completar 100 anos, a despeito da aceitação de alguns, casou-se com a secretária que o acompanhava há 16 anos. Sua forma de pensar a arquitetura e a obra de arte não se difere de sua maneira de se enlaçar à vida e se abrir ao novo, à mudança e ao movimento. Em uma entrevista a *O Globo on line* quando completava 100 anos, afirmou:

> A nossa busca na arquitetura é a surpresa, o espanto. Qualquer obra de arte deve provocar isto. Assim, da mesma forma que na obra de arte, na vida é tolice dizer que as coisas são imutáveis. Tudo pode ser mudado. Só aquilo no qual acredito e certas convicções permanecem as mesmas. (NIEMEYER, 1997)

Se de um lado há o tabu de que a velhice decretaria o fim dos encontros amorosos e sexuais, de outro lado presenciamos hoje o seu avesso, mas como todo avesso esconde e contém em si o direito, ele nos leva à reflexão. Muito do que se exibe na mídia em torno do amor e da sexualidade na velhice esvai-se pela banalidade ou pela autoajuda; regra geral a ser empregada para todos. Sabemos que cada um conduz as perdas e os lutos por caminhos próprios, e isso toca de perto o amor.

Não obstante, há belas produções cinematográficas e literárias que sustentam o conceito de amor na velhice sem anular o imponderável sempre em causa nos encontros. Vale lembrar o filme brasileiro *Do outro lado da rua*, com Fernanda Montenegro e Raul Cortez (2004), e *Elza e Fred* já comentado. Na literatura temos várias obras e destacamos para comentário duas obras de Gabriel García Márquez: *O amor nos tempos do cólera* e *Memórias de minhas putas tristes*.

Memórias de minhas putas tristes relata a história de um velho jornalista, ainda na ativa, que no momento de completar 90 anos resolve colocar em ato um forte desejo de encontrar-se sexualmente com uma jovem virgem. Na urgência em realizá-lo, telefona à proprietária de um quase esquecido bordel de outrora, Rosa Cabarcas, o qual frequentou até os 70 anos, quando decidira "viver em santa paz com seu corpo, lendo os clássicos", escrevendo, ouvindo músicas...

Ao contrário do que se poderia esperar desse encontro, a púbere de 14-15 anos dorme durante toda a noite sob os efeitos da valeriana com brometo, oferecida pela proprietária do bordel, e pelo cansaço de uma dura jornada de trabalho em uma fábrica de roupas. Nesse primeiro encontro, o olhar marca a visão do corpo nu de uma jovem adormecida, cena que se repete nos encontros seguintes.

Uma jovem despida, entregue ao sono, sem palavras, sem demandar nada; presença leve tomada como ideal que toca o estranho e também familiar de uma lembrança da adolescência: no descuido de uma porta deixada aberta, seu olhar encontra a visão de uma linda jovem nua, bem acordada, que, ao ser surpreendida em sua intimidade, sem nenhum pudor, mostra-lhe todo o corpo. Tal visão, acenando para um misto de amor e desejo jamais vivido, perturba-o terrivelmente. Apaixonam-se, namoram, mas no dia do casamento ele não comparece à cerimônia.

Já nessa época, dividido entre a vida mundana, tão facilmente encontrada nos braços de tantas putas, e o casamento com uma mulher possivelmente amada, a escolha recai sobre a primeira. Como nenhuma escolha é sem consequências, ela sela os destinos posteriores de sua vida sexual e amorosa. Nunca se casou, viveu só, acompanhado apenas de perto e de longe por sua fiel empregada e por tantas e quantas "noivas da vida", trocadas uma a uma, pois "as putas não lhe deram tempo para casar" (MÁRQUEZ, 2005, p. 45).

Como as voltas e reviravoltas da vida não apagam os traços marcados, pelo contrário podem despertar com vigor muitos deles, é aos 90 anos que ele tenta reviver, mesmo sem saber, os traços da "bela nua" de outrora, apoiando-se agora na versão de uma jovem puta, mas virgem. Essa contradição gera por si algo do impossível.

Tomando na radicalidade a maneira masculina de lidar com o amor e a sexualidade – quando amam não desejam, quando desejam não amam – analisada por Freud, frequente em alguns homens, mas também encontrada em algumas mulheres, responde a essa divisão de forma radical: "Nunca me deitei com mulher alguma sem pagar e as poucas que não eram do ofício convenci pela razão ou pela força que recebessem o dinheiro nem que fosse para jogar no lixo" (MÁRQUEZ, 2005, p. 16).

Mesmo que essa ficção não exponha de forma evidente a ligação entre a fantasia atual e a lembrança da adolescência, parece-nos uma boa via de análise, pois coloca em cena que alguns traços não envelhecem, perduram e têm efeitos na vida atual. Antes uma bela jovem nua se insinuando a ele, um convite ao amor e ao desejo, hoje, uma jovem virgem, a ser ofertada a ele; misto entre as tantas putas tristes e a virgindade em flor de outrora, mas agora apresentada pela distância do desejo e sem a angústia de antes. Desejo do qual ele não se esquiva, sob a condição de que essa jovem continue a dormir. "Naquela noite descobri o prazer inverossímil de contemplar sem as angústias do desejo e os estorvos do pudor, o corpo de uma mulher adormecida" (MÁRQUEZ, 2005, p. 35).

Apenas adormecida essa jovem pode ser amada, desejada. "O sexo é o consolo que a gente tem quando o amor não nos enlaça" (MÁRQUEZ, 2005, p. 79) Mas que amor enlaça? Que amor ideal e impossível se tece diante de um objeto amoroso que dorme e não desperta?

> Desde então a tive na memória com tamanha nitidez que fazia dela o que queria. Mudava a cor de seus olhos conforme meu estado de ânimo [...]. E a vestia para a idade e a condição que convinham às minhas mudanças de humor [...] hoje sei que não foi uma alucinação, e sim um milagre a mais do primeiro amor da minha vida aos noventa anos. (MÁRQUEZ, 2005, p. 68-69)

Mesmo vestido à sua maneira e conforme a ocasião, o amor desacomoda, tira-o dos trilhos até então bem traçados.

> A verdade é que eu não agüentava minha alma e começava a tomar consciência da velhice pelas minhas fraquezas diante do amor. [...] Obnubilado pela evocação de Delgadina adormecida, mudei sem a menor malícia o espírito de minhas crônicas dominicais. Fosse qual fosse o assunto escrevia para ela (MÁRQUEZ, 2005, p. 97, 75).

Primeiro e derradeiro amor aos 90, anos marcado pelo impossível de sua realização. Adormecido, esse amor não se declara nem exige reciprocidade. Entretanto, não é a velhice que faz surgir essa escolha marcada pelo impossível e por um ideal inatingível. Ela não concerne à idade, mas aos traços próprios a esse sujeito que não se modificaram e são traduzidos de outra forma. Nesse caso, os 90 anos marcam um limite ao ritual da procrastinação, e a urgência do tempo faz seu corte: "na minha idade cada hora é um ano" (MÁRQUEZ, 2005, p. 8). Entretanto, da procrastinação à urgência prevalece uma forma singular de lidar com o amor.

De um lado, o que permanece à revelia do tempo que passa, de outro, a urgência do momento interrogando o atemporal. O limite no tempo pode despertar o que parecia adormecido, colocando o sujeito a trabalho. Esse limite não é indiferente a muitos idosos, mas cada um lida com ele de forma singular. Se o amor, mesmo inatingível e irrealizado, retorna a esse sujeito aos 90 anos foi porque só aí as defesas, tão bem assentadas anteriormente, puderam dar uma trégua pela sensação do limite do tempo que passa. Todavia, esse limite não promove por si mudanças fundamentais.

Tocado pelo amor à jovem adormecida, amor ideal e sem reciprocidade, escrevia cartas, lia histórias, conversava e fazia planos. "Acordado", esse amor só subsistia sob a pena do impossível e sob a condição de que o objeto amado permanecesse adormecido, mudo e sem demandas.

> Eu examinava as caras de cada uma, com o pavor de descobrir com o olhar temível Delgadina vestida e acordada. [...] No começo do ano novo a gente já se conhecia como se vivêssemos juntos e acordados, pois eu havia encontrado um tom de voz cauteloso que ela ouvia sem despertar [...]. (MÁRQUEZ, 2005, p. 100, 85)

Mesmo os leves balbucios dos sonhos da amada eram-lhe insuportáveis. "Sua voz tinha um rastro de plebeu, como se não fosse dela e sim de alguém alheio que levasse dentro. Toda sombra de dúvida desapareceu então da minha alma: eu a preferia adormecida" (MÁRQUEZ, 2005, p. 87). Todavia, todo amor tem também sua face desperta e pode causar a penúria. Foi assim que, após um incidente que impede os encontros por um período de dois meses, ele encontrou-a dormindo no mesmo quarto de bordel. Mas dessa vez a visão da jovem adormecida traz signos de uma virgindade possivelmente já perdida com outro homem, rememorando, talvez, a lembrança do signo de despudor da jovem de sua adolescência, com efeitos de ódio e agressividade.

> Delgadina estava na cama, mas não se notava em sua estatura e sim na maturidade intensa que fazia com que parecesse ter dois ou três anos a mais, e mais nua que nunca [...] o que me tirou do sério foi a fortuna que ela usava: brincos de ouro com cachos de esmeraldas, com colar de pérolas [...] na cadeira seu traje de noite com lantejoulas e bordados, e os sapatos de cetim [...] – Puta! – gritei! (MÁRQUEZ, 2005, p. 102-103)

De santa adormecida a puta, o objeto amado é decapitado pelas vias da degradação da vida amorosa. O corpo feminino exposto sem o véu de castidade viola também seu ideal de amor intocável e virgem.

> Cego de uma fúria insensata, fui arrebentando na parede cada coisa do quarto: as lâmpadas, o rádio. [...] A menina deu um salto na primeira explosão, mas não me olhou, enroscou-se de costas para mim, e assim permaneceu [...]. (MÁRQUEZ, 2005, p. 104)

Por sorte ou artimanha, continuando no silêncio de quem dorme, essa jovem acaba deixando ainda aberta a única porta possível ao intocável desse amor.

Essa ficção expõe no extremo a divisão entre amor e desejo. Se de início somos surpreendidos pela estranha escolha de dormir com uma jovem virgem, para alguém que passou a vida com as putas, é, entretanto, o mais familiar que acaba se realizando. Para poder amar, só transformando essa suposta puta, em santa intocável, livrando-se assim dos infortúnios do desejo. Se o desejo desperta, o amor deve dormir; para acordar o amor, só fazendo dormir o desejo.

A "memória" que habita em suas putas tristes é a mesma que habita em si mesmo: tal como elas, nunca se deitou com alguém que não fosse sob o pagamento, só teve "amores", nunca um amor. E a sina de uma delas parece se realizar: "não vá morrer sem experimentar a maravilha de trepar com amor" (MÁRQUEZ, 2005, p. 111). Na impossibilidade de conjugar esses dois campos, prevalece a desmedida do amor.

> Me pergunto como pude sucumbir nesta vertigem perpétua que eu mesmo provocava e temia. [...] Não me reconhecia na minha dor de adolescente. Não tornei a sair de casa para não descuidar do telefone. Escrevia sem desligá-lo, e no primeiro toque pulava em cima dele pensando em ser Rosa Cabarcas. Interrompia a cada tanto o que estivesse fazendo para ligar para ela, e insisti dias até compreender que aquele telefone não tinha coração. Não tinha um instante de sossego, mal conseguia comer e perdi tanto peso que as calças não paravam na cintura [...] passava as noites num estado de deslumbramento que não me permitia nem escutar música [...]. (MÁRQUEZ, 2005, p. 75, 93-94)

Como no mito do nascimento de Eros, Pênia só pode fazer amor com Poros e conceber Eros sob a guarda do sono; só meio dormindo, sem saber ao certo se o desejo provocado era sonho ou realidade, Poros se permite amar. Se, como Poros, essa jovem acordasse, apenas faria ressurgir nele os pontos de angústia de outrora. É então em um semissono, na inconsciência, que esse amor é concebido.

Outra obra prima desse autor, *O amor nos tempos do cólera,* retoma também os caminhos de um amor impossível que atravessa os anos até um bom encontro na velhice. Somente quando idosos Florentino Ariza e Fermina Daza puderam se sobrepor às diferenças que os separaram durante toda vida. Primeiro a proibição paterna de Florentina, quando tinha 20 anos, depois seu casamento, filhos. Após morte do marido, Florentino tem de suportar com paciência o tempo necessário ao luto e as reservas de Fermina de retornar ao amor da adolescência.

Mesmo sem saber se aquilo que o unia ao marido era amor, conveniência ou comodidade, era-lhe difícil suportar a ausência do marido.

> Acabavam de celebrar as bodas de ouro matrimoniais, e não sabiam viver um instante sequer um sem o outro, ou sem pensar um no outro, e o sabiam cada vez mais menos à medida que recrudescia a velhice. Nem ele nem ela podiam dizer se essa servidão recíproca se fundava no amor ou na comodidade, mas nunca se havia feito essa pergunta com a mão no peito porque ambos tinham sempre preferido ignorar a resposta. (MÁRQUEZ, 1985, p. 38-39)

Durante seis meses, Florentino escreveu-lhe cotidianamente cartas, mantendo sob reserva os impulsos do amor, conversando sobre assuntos diversos, mas sem receber nenhuma resposta, já que Fermina, mesmo tocada por todas elas, vivia com intensidade os efeitos da perda de seu companheiro de mais de 50 anos de convivência. Após um longo percurso de um ano e meio tentando reintroduzir o amor, Florentino consegue aos poucos iniciar visitas cotidianas à casa de Fermina, participando de alguns eventos familiares, como um velho amigo conhecido na infância.

Os investimentos e a presença de Florentino não foram em vão, e Fermina se descobre sentindo aos poucos um amor que parecia morto há muitos anos. Para sustentá-lo tem de enfrentar o desagrado dos filhos, ao que ela desabafa indignada a uma nora:

> Faz um século que me cagaram a vida com esse homem porque éramos demasiados jovens, e agora querem repetir a dose porque somos demasiados velhos. [...] Se nós viúvas temos alguma vantagem [...], é que já não resta ninguém que nos dê ordens. (MÁRQUEZ, 1985, p. 399)

Para Florentino era o mesmo amor que continuava por mais de 50 anos; dia após dia pensou nela, amando-a a seu modo. Não se casou, passando de uma mulher a outra sem jamais dispensar a elas alguma forma de amor, mas deixando intocável seu amor descoberto na flor da mocidade.

Numa quase fuga, os dois saem em uma viagem de navio, partilhando na velhice aquilo que na juventude fora um empecilho.

> Nem Florentino nem Fermina perceberam o quanto se haviam amalgamado; ela o ajudava com os clisteres, se levantava antes dele para escovar a dentadura postiça que ele punha no copo enquanto dormia, e resolveu seu problema de óculos perdidos, pois os dele lhe serviam para ler e cerzir. [...] O sonho de outras viagens loucas, sem tantos baús, sem compromissos sociais: viagens de amor.[...] Era como se tivessem saltado o árduo calvário da vida conjugal, e tivessem ido sem rodeios ao grão do amor. Deixavam passar o tempo como dois velhos esposos escaldados pela vida, para lá das armadilhas da paixão, para lá das troças brutais das ilusões e das miragens dos desenganos: para lá do amor. Pois tinham vivido juntos o suficiente para perceber que o amor era o amor em qualquer parte, mas tanto mais denso ficava quanto mais perto da morte. (MÁRQUEZ, 1985, p. 424-425)

Sexualidade nos tempos do Viagra

Sobre a impotência, assim se expressa Florentino no primeiro encontro com Firmina:

> Acontecia amiúde, de modo que tinha aprendido a conviver com aquele fantasma: a cada vez tinha que aprender de novo como se fosse a primeira. Pegou a mão dela e a colocou no próprio peito. Ferminza Daza sentiu quase à flor da pele o velho coração incansável batendo com força, a pressa e a desordem de um adolescente. Ele disse: "Amor demais é tão mau para isto como falta de amor". Mas disse sem convicção: estava envergonhado, furioso consigo mesmo, ansiando por um motivo para culpá-lo do seu fracasso. Ela sabia, e começou a provocar o corpo indefeso com carícias de brinquedo, feito uma gata terna folgando na crueldade, até que ele não agüentou mais o martírio e foi para seu camarote. (MÁRQUEZ, 1985, p. 418-419)

Será que esta cena poderia ser hoje retomada por García Márquez tendo em vista que os tempos agora são outros? Ou a impotência e o desencontro são partes integrantes entre os sexos e, mesmo nos tempos do Viagra, algo jamais se recobre desse encontro?

Não é sem razão o título "sexualidade nos tempos do Viagra", já que este é o estimulante sexual mais conhecido e que, agindo diretamente sobre a musculação peniana, surgiu como um *boom* que resolveria todos os problemas sexuais pela impotência masculina. Se com García Márquez temos a epidemia do cólera impedindo e abrindo as vias do amor, o que ocorre hoje com a sexualidade e os novos objetos criados e oferecidos pelo mercado no que tange ao envelhecimento?

Sabe-se que nem o Viagra nem o Uprima (outra substância usada com o mesmo fim) agem sobre o desejo e a libido. Nem tudo pode ser recoberto por esses medicamentos, e grande parte da sexualidade continua fora da nova ordem social. Se alguns problemas foram sanados por eles, o conceito de sexualidade vai além do que eles se propõem a resolver.

Partimos da concepção psicanalítica de sexualidade, para a qual esta não se reduz ao sexo nem ao encontro sexual. A sexualidade sempre se coloca para o sujeito falante como algo avesso ao instinto, avesso ao anatômico e, portanto, inclui um campo complexo no qual persistem também os desencontros. Dizer que a sexualidade é avessa ao anatômico não implica que se possa prescindir dos efeitos do real do corpo.

Se diante do nascimento de um bebê há duas alternativas, homem ou mulher, é porque elas se apoiam no corpo biológico. Mesmo não sendo a anatomia um destino, mesmo que ela não possa definir por si todo um campo de identificações bastante complexo para todo sujeito, não se pode negar a sua incidência. Não há como negar o real do sexo recebido, diante do qual todo sujeito buscará possíveis respostas de como ser homem ou mulher.

Entretanto, nascer com o sexo masculino ou feminino não implica uma identificação imediata com ele ou que ele responda o que é ser homem ou mulher e, muito menos, como se darão as escolhas, a atração entre os sexos e o encontro sexual. A cultura tenta responder a essas questões por meio de signos, em geral, ligados aos comportamentos e aos objetos. A publicidade se apropria disso para provocar o consumo, tentando vender pelos produtos signos de como ser o homem ou a mulher irresistível.

A sexualidade se impõe bem cedo, cedo demais, ao sujeito. Freud nos oferece como exemplo disso aquilo que abordamos anteriormente como as primeiras "experiências de satisfação". Vimos que esses encontros deixam marcas muito precoces, e acertos e erros são associados a um tipo de satisfação. Vimos ainda que algo é oferecido sem que se peça, e muitas vezes esses encontros são marcados por sofrimentos que se colocam também formas de satisfação, mesmo que desconhecida ou detestada pelo sujeito.

Essas primeiras marcas surgem antes que o sujeito possa nomeá-las; passam pelas intervenções do Outro, e não existe de início um objeto adequado à satisfação do desejo. Ao oferecer algo, pode-se dar mais ou menos do que se pensava oferecer, pode-se oferecer, até, o que o outro não queria. Por exemplo, a criança chora de dor de barriga, a mãe entende que é fome e dá mais comida. Esse descompasso inaugura um campo de demandas ao Outro que contém sempre algo além do que se pede: o desejo.

A psicanálise trabalha com o termo "pulsão" em vez de conceitos como "natureza" e "instinto". A pulsão marca a diferença dos seres falantes em relação aos outros animais. Constitui-se de um conjunto das intervenções do Outro, suas marcas, e de traços os quais não se nomeiam. Por isso o objeto do desejo é sempre algo inefável, e nesse campo transita a nossa sexualidade.

A sexualidade dos seres falantes não é da ordem do instinto. Quando uma fêmea está no cio, isso pode ser verificado facilmente, ela não escolhe um parceiro, mas atrai os machos da espécie para o coito; trata-se da sobrevivência. Para os seres falantes não existe o instinto, mas a pulsão que extrapola em muito o campo da necessidade. Pessoas morrem de comer ou não comer, tendo comida, morrem por amor ou desamor, morrem extrapolando os limites da sexualidade. Não comemos, bebemos ou fazemos amor apoiados apenas na necessidade. A natureza ou o que se nomeia instinto são nos seres humanos subvertidos pela linguagem.

A partir dessa introdução podemos entender a afirmativa freudiana de que a sexualidade adulta é a sexualidade infantil apenas com a diferença que os adultos são aptos ao coito. Assim, de forma sintética, podemos dizer que a sexualidade refere-se a traços precocemente recebidos e marcados da relação com o Outro. Essas marcas precoces têm efeitos sobre nossas escolhas, preferências ou aquilo que não suportamos no campo sexual. Dessa forma, a sexualidade para a psicanálise não se iguala à genitalidade, ao coito e, muito menos, à reprodução. A sexualidade dos seres falantes difere-se em muito do que a biologia descreve como relação sexual ou coito.

A sexualidade é constituída por pulsões parciais, quer dizer, é um olhar, uma maneira de falar, um "jeito de ser", pequenos detalhes muitas vezes impossíveis de serem nomeados que provocam a atração, o desejo, o amor... Não havendo instinto sexual, não há um conector entre um homem e uma mulher aos moldes de um encontro de macho e fêmea como ocorre com os animais.

O encontro entre homem e mulher nunca é muito fácil, pois passa por desencontros inerentes à nossa própria estrutura. A incompletude faz parte do amor e dos encontros sexuais; ambos se sustentam pela fantasia. Não é o objeto em si que sustenta o desejo, mas a fantasia em torno dele a partir de algum traço. Se esta cai, cai junto a atração, demonstrando-nos como é tênue esse encontro. Temos na clínica sujeitos se queixando da queda do desejo: o objeto amoroso parece o mesmo, mas de repente, por um "pequeno detalhe", que o sujeito não sabe a princípio nomear, não se deseja mais. Sustentar o desejo é saber tecer bons tecidos com a fantasia. Por conseguinte, não é também a idade que determina o desejo.

O sujeito se sustenta como desejante, afirmou Lacan, em relação a um conjunto de marcas muito complexo. Não é a idade que determina a presença ou a ausência de relações sexuais, mesmo que estas possam ser tecidas na velhice sob maneiras diferentes daqueles encontrados na adolescência, em que computar os orgasmos é usual. A sexualidade do idoso pode encontrar caminhos inéditos nos quais o desejo, que não morre, cria outras maneiras de inscrição. Para alguns a idade traz maior liberdade e conhecimento de si com efeitos notáveis sobre os encontros sexuais. Nas palavras de Nilce (68 anos):

> Tenho mais domínio da situação, sinto-me mais dona da história, pois não deixo as paixões aflorarem de forma emocional e descontrolada. Precisei de reposição hormonal, e isso ajudou muito na vida sexual, sinto-me mais aquecida, romântica, sinto-me mais vaidosa e bonita. Estar bem comigo facilita estar bem com o parceiro.[6]

---

[6] Encontro realizado em Crucilândia, MG, em dezembro de 2007.

Na época da menopausa algumas mulheres se ressentem dos efeitos dos hormônios, mas as respostas a esse calor e frio alternados – destemperança que provoca em muitas mulheres grande instabilidade no humor, refletindo-se também na libido e nos encontros sexuais – não são as mesmas. Para Freud, na menopausa experimenta-se um aumento libidinal considerável, a questão é saber conduzir esse aumento de libido e tudo o que ela provoca e desperta de traumas e fantasias anteriores.

Para Maria Helena Andrés (86 anos) esse período foi rico em criações.

> Nunca fiz reposição hormonal, para te dizer a verdade nem me lembro o que aconteceu na menopausa, mas posso me lembrar dessa época pela fase de minha pintura. Por ela posso falar sobre a menopausa. Foi uma fase muito forte; fase das "madonas", fase de guerra, dos astronautas [mostra-me um dos quadros]. Foi uma fase com muita energia, e eu a aproveitei, não tive nenhum momento de depressão, nem sei o que é isso! Não tive esse calor que algumas mulheres falam, não tive mau-humor, nada disso... Então só posso te responder isto: como foi a pintura nessa época, e ela estava cheia de energia... Veja este quadro em plena menopausa com 47 anos. são quadros fortíssimos, releituras da fase de guerra. Astronautas, foguetes e as madonas em plena menopausa. Está vendo? Botei o fogo aqui nas pinturas.[7]

Cada um trata as modificações no corpo de forma muito singular e a sublimação, aproveitando-se da energia sexual, teve para ela excelentes efeitos sobre sua bela obra. A partir dessas indicações podemos nos perguntar: por que a dificuldade de pensar a sexualidade na velhice?

Abordei em *O sujeito não envelhece* a hipótese de que a dificuldade em se falar da sexualidade na velhice refere-se ao fato de que, no inconsciente de todos os neuróticos, os idosos são sempre representação dos pais. Freud delimita de forma muito precisa que quando a criança descobre que seus pais têm sexo ela nega. A reação imediata é pensar que isso não ocorre, e a segunda, quando não é mais possível negar, é fazerem uma separação clássica entre a puta (ligada ao sexo) e a santa, mãe. Isso perpassa muito o campo da sexualidade masculina, conforme nossa análise do livro de García Márquez *Memória de minhas putas tristes*.

No inconsciente, os velhos são os pais, pois o inconsciente é o infantil, e falar de sexualidade dos idosos é como trazer à baila a sexualidade dos pais que todo neurótico prefere evitar. Assim, quando se coloca em cena a sexualidade dos idosos, a tendência é fazê-lo sob a forma de chiste ou pilhéria, como maneira de tratar o que se prefere evitar.

---

[7] Encontro realizado em 24/03/2006, então aos 84 anos.

Outro ponto a destacar é a tendência à depreciação da sexualidade na velhice. Essa atitude liga-se fundamentalmente ao imaginário – que apenas aí a sexualidade encontraria limites a partir de um corpo que não provocaria desejo –, e o fantasma da impotência se imporia de forma intratável, como se antes não houvesse impasses em relação à sexualidade.

Ao mesmo tempo, apesar desse tabu vigente, nunca se discutiu a sexualidade como hoje. Ela é valorizada principalmente em torno do desempenho. Claro, isso tem efeitos! A sexualidade na velhice, antes com tantos tabus, hoje faz parte da mídia. Mas devemos ser cautelosos em relação a essa mudança de postura. Há limites nas mudanças, e a prova disso é a persistência dos desencontros sexuais e amorosos, até mesmo entre os jovens. Vale lembrar que a sexualidade vai além do desempenho das relações sexuais supostamente bem-sucedidas.

Em um discurso regrado pela *performance* e por demonstrações de conquistas diversas, nesse mercado aberto a diversas ofertas que prometem um gozo sem limites, expondo o ideal de uma sexualidade também sem limites, vale interrogar o lugar da sexualidade na velhice.

O Viagra e o Uprima são atualmente mais consumidos por pessoas entre 18-45 anos. Esses medicamentos melhoram a *performance*, mas isto não implica por si só um bom encontro sexual. O Brasil é o 2º país que mais consome esses estimulantes e, segundo dados de uma recente pesquisa, apresenta a maior taxa de insatisfação feminina em relação aos encontros sexuais, situação bastante paradoxal.

Tais estimulantes não podem acordar o desejo e a libido nem atuam sobre a fantasia. No Brasil, o aumento desenfreado das relações sexuais entre idosos provocou na última década um aumento de 98% de infecção pelo vírus HIV em homens acima de 50 anos. A promessa de um gozo sem limites oferecido a todos não muda a posição dos idosos diante do sexual: eles não pertencem à geração marcada pela Aids e não concebem, por exemplo, a necessidade do uso de preservativos. Há mudanças nos comportamentos, há respostas rápidas diante das ofertas das "pílulas milagrosas", sem mudanças na posição de cada um diante de seu desejo e sua forma de conduzir a falta. O desejo impõe maneiras de se inscrever em cada momento da vida e se realiza por vias singulares. Não existem regras gerais sobre como cada um deve ou pode conduzir sua sexualidade.

Outro tabu frequente é de que o envelhecimento corporal impediria a atração sexual e as expressões da sexualidade, já que vivemos em uma cultura que cultua de forma excessiva o corpo jovem e belo. Uma produção cinematográfica atual que retrata o tema de forma muito pertinente é *Do outro lado da rua* (2005), de Marcos Bernstein, com Fernanda Montenegro e Raul Cortez. Esse filme narra a história de uma aposentada divorciada (Regina, representada por Fernanda Montenegro) que participa como voluntária de um serviço de informantes da polícia. Passa algumas horas do dia com o binóculo a vasculhar a redondeza. Em uma dessas vigílias vê uma cena no apartamento em frente onde o marido supostamente teria matado a esposa. A partir desse olhar que interpreta a cena, denuncia à polícia o suposto crime. Mas sem nenhuma prova que o confirmasse, começa por si mesma a investigação, tramando encontros com o suposto criminoso, um juiz aposentado, representado por Raul Cortez. Acaba se envolvendo afetivamente com ele.

Descobre finalmente que a mulher dele tinha uma doença terminal, e nenhum crime havia sido praticado. Nessa trama, em que o amor começa a se despontar, os dois viajam para passarem um fim de semana juntos e têm o primeiro encontro sexual. Como fazer amor depois de tanto tempo? – indaga-se ela. "Tenho cicatriz de cesariana, cicatriz de... isto aqui é um jogo da velha. Eu sou uma velha, cheia de estrias, como vou tirar a roupa? Você é cego? Olha para mim". Ao que ele indaga: "Qual seu problema? É cedo? E você acha que para mim é fácil?".

A vergonha de um corpo envelhecido, principalmente entre as mulheres, leva a crer que apenas nelas o corpo sofre a erosão do tempo, permanecendo nos homens intocável. Imaginário muitas vezes sustentado por uma ideia machista frequente também nas mulheres: elas envelhecem enquanto os homens tornam-se charmosos. Essa falsa interpretação da realidade leva muitas mulheres a se absterem de encontros sexuais na velhice, porque são tomadas pelo sentimento de que, mais velhas, nunca serão atraentes, quando a atração advém por traços além do corpo anatômico e suas formas. Um corpo perfeito não implica um corpo mais pronto para provocar a atração ou o prazer; muitos homens necessitam, até, encontrar algumas falhas no corpo da parceira para sentirem-se mais viris.

Essa dificuldade de estar com o outro sexo, principalmente em mulheres dessa geração traz à tona tabus ligados à cultura. Se o casamento e a sexualidade dos viúvos são em geral bem-aceitos, do lado das mulheres o mesmo não ocorre. Para muitas, a vida sexual termina com a perda de seus companheiros. O inesperado do amor e do encontro sexual gera vergonha, culpa e o proibido a partir do imaginário de que a sexualidade pertence à juventude e aos adultos até certa idade. Todavia os casais que permanecem juntos até bem tarde na vida continuam em geral a ter relações sexuais regularmente, malgrado a ideia vigente de que ela termina bem cedo.

Enfim, retornando aos estimulantes sexuais, se para alguns eles podem ser uma saída para algum impedimento sexual, a prescrição desses medicamentos não pode ser globalizada. Há efeitos colaterais a serem considerados em cada caso, e seu uso não apaga a falta do amor, os desencontros que sempre persistem entre os parceiros. A complexidade da sexualidade aumenta com o passar dos anos, pois os investimentos e valores também se modificam, e, dessa forma, também os caminhos do desejo. Devemos, portanto, colocar em questão a própria ideia de "novo" e questionar qual sexualidade é ofertada aos idosos. É essencial uma posição crítica diante da promessa de uma sexualidade sem limites. A velhice não apaga o desejo e a libido, mas estes são escritos de maneiras diferentes em cada momento da vida, e seria estranho se assim não o fosse.

> Era a primeira vez que fazia amor em mais de vinte anos, e o fizera embargada pela curiosidade de sentir como podia ser, em sua idade e depois de um recesso tão prolongado. Mas ele não tinha lhe dado tempo de saber se seu corpo também estava querendo. Tinha sido rápido e triste e pensou: "agora está tudo fodido". Mas se enganou: apesar do desencanto de ambos, apesar do arrependimento dela pela loucura do anis, não se separaram um instante nos dias seguintes. [...] Não tentaram de novo o amor até muito depois, quando a inspiração chegou sem que a buscassem. Bastava-lhes a ventura simples de estar juntos. [...] fizeram um amor tranqüilo e são, de serenos avós, que se fixaria em sua memória como a melhor lembrança daquela viagem lunática. (MÁRQUEZ, 1985, p. 420, 425)

Referências

ANDRADE, C. D. *Corpo. Novos poemas.* Rio de Janeiro: Record, 1984. 124p.

ARENDT, H. *Condition de l'homme moderne.* Paris: Calmann-Lévy, 1983. 406p.

ARIÈS, P. *A história da morte no ocidente.* Rio de Janeiro: Ediouro, 2003. 312p.

ASSIS, M. *Obra completa.* Disponível em: <http://portal.mec.gov.br/machado/>.

ASSIS, M. *Obra Completa de Machado de Assis,* v. II. Rio de Janeiro: Nova Aguilar, 1994.

ASSIS, M. O espelho. In: *Obra completa.* Disponível em: <http://portal.mec.gov.br/machado/arquivos/pdf/contos/macn003.pdf>.

BARROS, M. Manoel de Barros se considera um songo. *Caros Amigos,* n. 117, 11 dez. 2006. Disponível em: <http://www.overmundo.com.br/overblog/manoel-de-barros-se-considera-um-songo-parte-i>.

BARROS, M. *Memórias Inventadas. a terceira infância.* São Paulo: Planeta, 2008.

BARTHES, R. *O prazer do texto.* Tradução de J. Guinsburg. São Paulo: Perspectiva, 1996. 86p.

BENJAMIN, W. Experiência e pobreza. In: *Obras escolhidas,* v. I. Tradução de Sérgio Paulo Rouanet. 3. ed. São Paulo: Brasiliense, 1987.

BENJAMIN, W. O narrador. Observações sobre a obra de Nikolai Leskow. Tradução de M. Carone. In: BENJAMIN, W.; HORKHEIMER, M.; ADORNO, T. W.; HABERMAS, J. *Textos escolhidos.* 2. ed. São Paulo: Abril Cultural, 1983.

BEAUVOIR, Simone. *A velhice.* Tradução de Maria Helena Franco Martins. Rio de Janeiro: Nova Fronteira, 1986.

BERGSON, H. *Memorie et vie* (texts choisis) In: *Oeuvres.* Edition du centenaire. Paris: Puf, 2001.

BORGES, J. L. *O livro de areia.* Tradução de Lígia Morrone Averbuck. 8. ed. São Paulo: Globo, 1999. 132p.

BOSI, E. *Lembranças de velhos – Memória e sociedade.* São Paulo: EDUSP, 1987. 402p.

BRANDÃO, J. S. *Mitologia grega,* V. II. 3. ed.. Petrópolis: Vozes, 1989. 323p.

CALVINO, I. *Cidades invisíveis*. Tradução de Digo Mainardi. São Paulo: Companhia das Letras, 1998. 150p.

CALVINO, I. *Seis propostas para o novo milênio*. Tradução de Ivo Barroso. São Paulo: Companhia das Letras, 1998, 141p.

CANÇADO, F. (Coord.). *Noções práticas de geriatria*. Belo Horizonte: COOPMED Ed./Health, 1994. 419p.

CARVALHO, M. C. *Hino à vida, à família, ao amor*. Belo Horizonte: s. ed., 2007.

CASTELLO BRANCO, L. *Os absolutamente sós. Llansol-A Letra-Lacan*. Belo Horizonte: Autêntica, 2000. 132p.

CASTELLO BRANCO, L.; BRANDÃO, R. *Literaterras. As bordas do corpo literário*. Belo Horizonte: UFMG/Annablume, 1995. 180p

CHAUÍ, M. *Convite à Filosofia*. São Paulo: Ática, 2000.

DURAS, M. *Escrever*. Rio de Janeiro: Rocco, 1994.

EIRAS, P. *O texto sobrevivente. Lendo três lugares d'O livro das Comunidades*. Colares-Sintra: Grupo de Estudos Llansolianos, 2005.

FINGERMANN, S. Ângela Mucida entrevista Sérgio Fingermann – O fazer artístico e sua relação com o impossível. *Stylus*, n. 10, 2005.

FREUD, S. Além do princípio do prazer [1920]. In: *Edição standard brasileira das Obras Psicológicas completas*. v. XVIII.Rio de Janeiro: Imago, 1976.

FREUD, S. Análise terminável e interminável [1937]. In: *Edição standard brasileira das Obras Psicológicas completas*. v. XXIII. Rio de Janeiro: Imago, 1975.

FREUD, S. As pulsões e suas vicissitudes [1915]. In: *Edição standard brasileira das Obras Psicológicas completas*. v. XIV. Rio de Janeiro: Imago, 1974.

FREUD, S. Carta 52 [1896]. In: *Edição standard brasileira das Obras Psicológicas completas*. v. I. Rio de Janeiro: Imago, 1977.

FREUD, S. Lembranças da infância e lembranças encobridoras [1901]. In: *Edição standard brasileira das Obras Psicológicas completas*. v. VI. Rio de Janeiro: Imago, 1976.

FREUD, S. Leonardo da Vinci e uma lembrança de sua infância [1910]. In: *Edição standard brasileira das Obras Psicológicas completas*. v. XI. Rio de Janeiro: Imago, 1970.

FREUD, S. Luto e melancolia [1917]. In: *Edição standard brasileira das Obras Psicológicas completas*. v. XIV. Rio de Janeiro: Imago, 1974. [1970. v. XI.]

FREUD, S. O ego e o id [1923]. In: *Edição standard brasileira das Obras Psicológicas completas*. Rio de Janeiro: Imago, 1976. v. XIX.

FREUD, S. O estranho [1919]. In: *Edição standard brasileira das Obras Psicológicas completas*. v. XVII. Rio de Janeiro: Imago, 1976.

FREUD, S. O mal-estar na civilização [1930]. In: *Edição standard brasileira das Obras Psicológicas completas*. v. XXI. Rio de Janeiro: Imago, 1974.

FREUD, S. Os três ensaios sobre a teoria da sexualidade [1905]. In: *Edição standard brasileira das Obras Psicológicas completas.* v. VII. Rio de Janeiro: Imago, 1972.

FREUD, S. O tema dos três escrínios [1913]. In: *Edição standard brasileira das Obras Psicológicas completas.* v. XII. Rio de Janeiro: Imago, 1969.

FREUD, S. O valor da vida. Entrevista a George Silvester. apnf/BC, ano I, n. 4, 2000. Disponível em: <http://www.netflash.com.br/apnf/entrevist.htm>.

FREUD, S. Reflexões para os tempos de guerra e morte [1915]. In: *Edição standard brasileira das Obras Psicológicas completas.* v. XIV. Rio de Janeiro: Imago, 1974.

FREUD, S. Sobre a tendência universal à depreciação na esfera do amor [1912]. In: *Edição standard brasileira das Obras Psicológicas completas.* v. XI. Rio de Janeiro: Imago, 1970.

FREUD, S. Sobre a transitoriedade [1915]. In: *Edição standard brasileira das Obras Psicológicas completas.* v. XIV. Rio de Janeiro: Imago, 1974.

FREUD, S. Sobre o narcisismo: uma introdução [1914]. In: *Edição standard brasileira das Obras Psicológicas completas.* v. XIV. Rio de Janeiro: Imago, 1974.

FREUD, S. Um tipo especial de escolha de objeto feita pelos homens, [1910]. In: *Edição standard brasileira das Obras Psicológicas completas.* v. XI. Rio de Janeiro: Imago, 1970.

GUMIEL, R. Superação – Renée Gumiel. Fortaleza da dança. *Isto é Gente*, n. 221, 23 out. 2003. Disponível em: <http://www.terra.com.br/istoegente/221/reportagens/renee_gumiel.htm>.

HEIDEGGER, M. Tempo e ser. In: *Heidegger*. Tradução de Ernildo Stein. São Paulo: Abril, 1979, p. 255-271.

HOUAISS, A.; VILLAR, M. S. *Dicionário Houaiss da Língua Portuguesa.* 1. ed. Rio de Janeiro: Objetiva, 2001.

JOÃO GUIMARÃES ROSA. Feiticeiro das palavras, caboclo universal. Disponível em: <http://www.tvcultura.com.br/aloescola/literatura/guimaraesrosa/index.htm/>. Acesso em: 2 jul. 2008.

JÚDICE, N. Didática. In: *Lettres à la jeunesse – dix poetes parlent de l'espoir*. Paris: E.J.L., 2003. 92 p.

KAPLAN, H. J; SADOCK, B. J. *Compêndio de psiquiatria dinâmica.* Kaplan. 3. ed. Porto Alegre: Artes Médicas, 1984.

KHALSA, S.; STAUTH, C. *Longevidade do cérebro.* 18. ed. Rio de Janeiro: Objetiva, 2001. 451p.

KÜBLER-ROSS, E. *Sobre a morte e o morrer.* 10. ed. São Paulo: Martins Fontes, 2001. 295p.

LACAN, J. O estádio do espelho como formador da função do eu. In: *Escritos*. Tradução de Vera Ribeiro. Rio de Janeiro: Zahar, 1998. p. 96-103.

LACAN, J. O Seminário [1957-1958]. Livro 5: *As formações do inconsciente.* Tradução de Vera Ribeiro. Rio de Janeiro: Jorge Zahar, 1999.

LACAN, J. O Seminário [1962-1963]. Livro 10: *A angústia.* Tradução de Vera Ribeiro. Rio de Janeiro: Zahar, 2005. 368 p.

LÉGER, J. M.; TESSIER, J. F.; MOUTY. M. D. *Psicopatologia do envelhecimento.* Rio de Janeiro: Vozes, 1994. 296p.

LISPECTOR, C. *A paixão segundo G.H.* Rio de Janeiro: Rocco, 1998.

LISPECTOR, C. *Para não esquecer.* Rio de Janeiro: Rocco, 1999. 126p.

LLANSOL, M. G. *Amar um cão.* Colares: Colares editora, 1990

LLANSOL, M. G. *Ardente texto Joshua.* Lisboa: Relógio D'água, 1996.

LLANSOL, M. G. *O começo de um livro é precioso.* Lisboa: Assírio & Alvim, 2003a.

LLANSOL, M. G. *O jogo da liberdade da alma.* Lisboa: Relógio d'Água, 2003b.

LLANSOL, M. G. *Onde vais, drama-poesia?* Lisboa: Relógio D'água, 2000. 306p.

LLANSOL, M. G.*Um facão no punho.* Lisboa: Rolim, 1985.

LUFT, L. *O lado fatal.* 3. ed. Rio de Janeiro: Rocco, 1989. 97p.

MANNONI, M. *O nomeável e o inominável.* Tradução de Dulce Duque Estrada. Rio de Janeiro: Zahar, 1995. 145 p.

MÁRQUEZ, G. G. *Memória de minhas putas tristes.* Tradução de Eric Nepomuceno. Rio de Janeiro-São Paulo: Record, 2005, 127p.

MÁRQUEZ, G. G. *Ninguém escreve ao coronel.* Tradução de Danúbio Rodrigues. 13. ed. Rio de Janeiro: Record, 1968. 65p.

MÁRQUEZ, G. G. *O amor nos tempos do cólera.* Tradução de Antonio Callado. 16. ed. Rio de Janeiro: Record, 1985. 429p.

MÁRQUEZ, G. G. *Viver para contar.* Tradução de Eric Nepomuceno. 7. ed. Rio de Janeiro-São Paulo: 2007. 474p.

MESSY, J. *La persone âgée n'existe pas.* Paris: Payot & Rivages, 2002. 221p.

MUCIDA, A. *O sujeito não envelhece* – Psicanálise e velhice. 2. ed. Belo Horizonte: Autêntica, 2006.

NIEMEYER, O. Entrevista. *O Globo*, 15 dez. 1997. Disponível em: <http://oglobo.globo.com/cultura/info/niemeyer/>. Acesso em: 20 mar. 2008.

OVÍDIO. *As metamorfoses.* Tradução de David J. Júnior. São Paulo: Ediouro, 1983.

PAZ, O. *El laberinto de la soledad.* 3. ed. México: Fondo de Cultura Económica, 1992.

PESQUISA FAPESP. 2004. Disponível em: <http://www.revistapesquisa.fapesp.br>. Acesso em: 2 jul. 2008.

PESSOA, F. *O livro do desassossego.* São Paulo: Companhia do bolso, 2006. 559p.

POMMIER, G. *O bom uso erótico da cólera... e algumas de suas conseqüências*. Tradução de Vera Ribeiro. Rio de Janeiro: Jorge Zahar, 1996. 191p.

PROUST, M. *Em busca do tempo perdido*. Tradução de Lúcia M. Pereira. São Paulo: Globo, 1994.

PROUST, M. *O tempo redescoberto*. Tradução de Lúcia M. Pereira. São Paulo: Globo, 1994. 303 p.

QUAGLIATO, E. Telômeros, meditação e envelhecimento. Novos fatos científicos comprovam antigas práticas. Disponível em: <http://www.cdcc.sc.usp.br/ciencia/index.html>.

QUINTANA, M. *Caderno H*. São Paulo: Globo, 1994. 183p.

RILKE, R. M. *Cartas a um jovem poeta*. Tradução de Paulo Rónai. São Paulo: Globo, 1993. 77p.

ROSA, J. G. *Grande sertão: veredas*. Rio de Janeiro: Nova Fronteira, 1986.

ROSA, J. G. *Primeiras histórias*. Rio de Janeiro: Nova Fronteira, 1972.

SARAMAGO, J. *Ensaio sobre a cegueira*. São Paulo: Companhia das letras, 1995.

SARAMAGO, J. *Intermitências da morte*. São Paulo: Companhia das letras, 2006.

SCHNEIDER, M. *Ladrões de palavra*. Campinas: Editora da Unicamp, 1990. 503p.

SILVA, A. L. *Papel de receptores monoaminérgicos, colinérgicos e glutamatérgicos no efeito pró-mnéstico de Ptychopetalum olacoides Bentham (Olacaceae)*. Tese (Doutorado em Bioquímica) – Universidade Federal do Rio Grande do Sul. Instituto de Ciências Básicas da Saúde. Porto Alegre, 2006. Disponível em: <http://www.lume.ufrgs.br/handle/10183/7972/>.

WILDE, O. *O retrato de Dorian Gray*. 1. ed. Tradução de Oscar Mendes. Rio de Janeiro: Abril, 1972. 270p.

YOURCENAR, M. *O tempo, esse grande escultor*. Tradução de Ivo Barroso. Rio de Janeiro: Nova Fronteira, 1983. 218p.

Este livro foi composto com tipografia Minion
e impresso em papel off set 75 g. na Formato Artes Gráficas